एक दुनिया है असंख्य

(कविता-संग्रह)

एक दुनिया है असंख्य

सुन्दर चन्द ठाकुर

भारतीय ज्ञानपीठ

सजिल्द
दूसरा संस्करण : 2009
पेपरबैक
पहला संस्करण : 2015

लोकोदय ग्रन्थमाला : ग्रन्थांक 1003

ISBN 978-93-263-5430-1

पहला संस्करण : 2015
मूल्य : 100 रुपये

प्रकाशक : भारतीय ज्ञानपीठ
18, इंस्टीट्यूशनल एरिया, लोदी रोड, नयी दिल्ली-110 003

मुद्रक : विकास कम्प्यूटर ऐंड प्रिंटर्स, दिल्ली

आवरण-चित्र : सईद शेख की एक एक्रेलिक कृति
आवरण-सज्जा : ज्ञानपीठ कला प्रभाग

EK DUNIYA HAI ASANKHAYA
(Poetry)
by Sunder Chand Thakur

Published by
Bharatiya Jnanpith
18, Institutional Area, Lodi Road, New Delhi-110 003
Ph. : 011 24698417, 24626467; 23241619 (Daryaganj)
Mob. : 9350536020; e-mail : bjnanpith@gmail.com
sales@jnanpith.net, website : www.jnanpith.net

First Edition : 2015
Price : Rs. 100

सम्राज्ञी, उन्मुक्त के लिए

अनुक्रम

चौराहे	11
एक बेरोज़गार की कविताएँ	13
असमय मृत्यु पर कविताएँ	19
बेरोज़गार हरीश के लिए	22
मुक्तिबोधों का समय नहीं यह	23
बुद्धिजीवी विमर्श	26
दृश्य में चीज़ें	29
कुछ बातें	31
आपातकाल	32
नये दिन तू लौट जा	33
दिल्ली की सुबह	35
कृष्ण और मैं	37
अबोला	39
डेढ़ बरस की बेटी के लिए	41
उम्रदार माँ	43
माँ का सपूत	45
अनपढ़ माँ	46
जड़ें	48
परिवार-1	50

परिवार-2	51
पिता-पुत्र	52
पृथ्वी पर मेरा जीवन	54
स्त्री	55
एक चित्र	57
संगीत शिक्षिका	58
वंश-फूल	59
दो स्त्रियाँ	60
बीड़ियाँ	61
इन दिनों प्रेम	62
दो प्रेमी	64
प्रेम कविताएँ	65
शरीर	67
जीवन	68
उसे मैं दे दिया गया	70
घर और सड़क	71
इच्छाएँ	72
कलाकृति	73
उदासी	74
श्मशान में	75
धूप में एक रविवार	76
धूप	78
मैं नहीं हूँ	79
सबसे सुन्दर	80
कवि की मृत्यु पर	81
पाठक का ख़त	82
बग़दाद में जुड़वा बहनें	84
टैंक और बच्चे	86

अली इस्माइल की कथा	87
दृश्य–1	88
दृश्य–2	89
चाँद— दूसरी नज़र	91
अपरम्पार दुनिया	92
नये जन्म की तरह	94
कुछ न लिखकर भी	95
आठ बरस का लड़का	96
परित्यक्त बावड़ी (लम्बी कविता)	99

चौराहे

उनसे ज़्यादा खुले हवादार घर मुमकिन नहीं
अँधेरा जब शहर को अपने आग़ोश में लेता है
धीरे-धीरे चौराहों में आते हैं रात के शरणार्थी
आवाज़ों और जैविक क्रियाओं से भरते उन्हें
पाँव पसारे अलमस्त सोते हैं देर सुबह तक

पृथ्वी पर जहाँ-जहाँ रास्ते बने
चौराहे भी बने वहाँ
दिशाओं के क्रॉस-जंक्शन
समय के धागों में जैसे कोई गाँठ या सन्धिस्थल
वहाँ पहुँच मुसाफ़िरों ने बोझ उतारा
शाम घिर आयी जब आकाश में घुमड़े बादल
थोड़ा सुस्ताने को वहीं ठहरे कारवाँ

चौराहों पर फले-फूले नगर कई
वहाँ राजाज्ञाओं के ढिंढोरे पीटे गये
मुजरिमों के लिए लगे फाँसी के तख़्ते
सारे खेल-तमाशे वहीं
एक स्त्री को पत्थरों से मारा गया
एक आन्दोलन रौंदा गया बख़्तरबन्द टैंकों के नीचे
शहीदों की ऐतिहासिक गाथाएँ
धूल ढकीं युग प्रवर्तकों की प्रस्तर मूर्तियाँ

दफ़न हैं वहीं सभ्यताओं के अवशेष अनेक

एक चौराहा बचपन की स्मृति में धँसा हुआ
दादा हाथ पकड़ ले जाते थे वहाँ
बढ़ई लुहार परचून की दुकान मोची और एक हजामत वाला
आसपास के गाँवों का वह शॉपिंग कॉम्पलैक्स
रात होते ही खेतों में झींगुरों मेढकों का शुरू होता राग
उनका संगीत रात को रहस्यों से भरता
घुप अँधेरे में उसी चौराहे पर टिमटिमाती थी रोशनी
सुनाई पड़ती मनुष्यों की कुछ धूमिल आवाज़ें
वहीं से सुबह खुलती हुई हमारे आँगनों तक पहुँचती थी

गलियाँ ही गलियाँ हैं अब बेहिसाब चौराहे
जितने सड़कों पर उतने जीवन में
उनके पाँव घरों के दरवाज़े भड़भड़ाते हैं
समूचा शहर एक जगमगाता चौराहा
लोग स्वचलित मशीनों की तरह हाथ-पाँव जैसे कलपुर्ज़े
हृदय घड़ी की तरह टिक-टिक करता हुआ

जाड़े की एक सर्द रात एक चौराहे पर
मैं देखता हूँ धुंधली रोशनी में गुब्बारे बेचने वाली एक बच्ची
बिजली के एक खम्भे की ओट में दुबकी ठिठुरती हुई
उसकी देह नींद में बार-बार एक ओर ढुलकती
कभी पिता की कर्कश आवाज़ और कभी
गाड़ियों के तेज़ प्रकाश में मिचमिचाती आँखें
कड़वाहट से भरी उसकी बेजान आत्मा कोसती थी
ऐसे क्रूर चौराहे को।

एक बेरोज़गार की कविताएँ

एक

चाँद हमारी ओर बढ़ता रहे
अँधेरा भर ले आग़ोश में

तुम्हारी आँखों में तारों की टिमटिमाहट के सिवाय
सारी दुनिया फ़रेब है

नींद में बने रहें पेड़ों में दुबके पक्षी
मैं किसी की ज़िन्दगी में खलल नहीं बनना चाहता
यह पहाड़ों की रात है
रात जो मुझसे कोई सवाल नहीं करती
इसे बेख़ुदी की रात बनने दो
सुबह
एक और नाकाम दिन लेकर आएगी।

दो

कोई दोस्त नहीं मेरा
वे बचपन की तरह अतीत में रह गये
मेरे पिता मेरे दोस्त हो सकते हैं
मगर बुरे दिन नहीं होने देते ऐसा

पुश्तैनी घर की नींव हिलने लगी है
दीवारों पर दरारें उभर आयी हैं
रात में उनसे पुरखों का रुदन बहता है
माँ मुझे सीने से लगाती है
उसकी हड्डियों से भी झरता है रुदन

पिता रोते हैं माँ रोती है
फोन पर बहनें रोती हैं
कैसा हतभाग्य पुत्र हूँ असफल भाई
मैं पत्नी की देह में खोजता हूँ शरण
उसके ठंडे स्तन और बेबस होंठ
कायनात जब एक विस्मृति में बदलने को होती है
मुझे सुनाई पड़ती हैं उसकी सिसकियाँ

पिता मुझे बचाना चाहते हैं
माँ मुझे बचाना चाहती है
बहनें मुझे बचाना चाहती हैं
धूप हवा और पानी मुझे बचाना चाहते हैं
एक दोस्त की तरह चाँद बचाना चाहता है मुझे
कि हम यूँ ही रातों को घूमते रहें
कितने लोग बचाना चाहते हैं मुझे
यही मेरी ताक़त है
यही डर है मेरा।

तीन

इस तरह आधी रात
कभी न बैठा था खुले आँगन में
पहाड़ों के साये दिखाई दे रहे हैं
नदी का शोर सुनाई पड़ रहा है
मेरी आँखों में आत्मा तक नींद नहीं

देखता हूँ एक टूटा तारा
कहते हैं उसका दिखना मुरादें पूरी करता है
क्या माँगूँ इस तारे से
नौकरी?
दुनिया में क्या इससे दुर्लभ कुछ नहीं

मैं पिता के लिए आरोग्य माँगता हूँ
माँ के लिए सीने में थोड़ी ठंडक
बहनों के लिए माँगता हूँ सुखी गृहस्थी
दुनिया में कोई दूसरा हो मेरे जैसा
ओ टूटे तारे
उसे बख़्श देना तू
नौकरी.!

चार

सितारो
मुझे माफ़ कर देना
तुम्हारी झिलमिलाहट में सिहर न सका
पहाड़ो
माफ़ करना
मुझे सिर उठाकर जीना न आया
पुरखो
मुझ पर ख़त्म होता है तुम्हारा वंश।

पाँच

मेरे जाने का वक़्त हुआ जाता है
मैं ख़ुश हूँ कि कोई दुश्मन नहीं मेरा
मुझ नाकारा के पास हैं उदार माता-पिता
इस उम्र में भी पालते-पोसते मुझे

मेरी चिन्ता में ख़ाक होते हुए

वे मर चुके होते तो
ज़िन्दगी कुछ आसान होती।

छह

मैं क्यों चाहूँगा इस तरह मरना
राष्ट्रपति की रैली में सरेआम ज़हर पीकर
राष्ट्रपति मेरे पिता नहीं
राष्ट्रपति मेरी माँ नहीं

वे मुझे बचाने नहीं आएँगे।

सात

मैं जानता हूँ मैं खोखला हो रहा हूँ
खोखली मेरी हँसी
मेरा ग़ुस्सा और प्यार
एक रैली में किसी ने कहा मुझे
उठा लें हथियार
मरना ही है तो लड़कर मरें

मैं किसके ख़िलाफ़ उठाऊँ हथियार
सड़क चलते आदमी ने कुछ नहीं बिगाड़ा मेरा
इस देश में कोई एक अत्याचारी नहीं
दूसरों का हक़ छीनने वाले कई हैं

मैं माफ़ ही कर सकता हूँ सबको
इतनी ही ताक़त बची है अब

आठ

इस साल वसन्त में मेरी बेटी दो बरस की हो जाएगी
ख़ुशी आएगी हमारे घर भी
वसन्त में हम मनाएँगे
विवाह की तीसरी सालगिरह
मेरी बहन ने नौकरी के लिए
किसी से की है बात
वसन्त तक मिलेगा जवाब

वसन्त आने में
एक जन्म का फ़ासला है।

नौ

उम्मीदो
शुक्रिया तुम्हारा
तुम्हीं रोटी बनीं तुम्हीं नमक
ग़रीबी
तुमने मुझे रोटी और नमक बाँटना सिखाया

आवारा कुत्तो
पूरी दुनिया जब दूसरे छोर पर थी
इस छोर पर तुम थे मेरे साथ
बेघर
शाम के धुँधलके में
भोर का स्वागत करते हुए।

दस

मेरे काले घुँघराले बाल सफ़ेद पड़ने लगे हैं
कम हँसता हूँ बहुत कम बोलता हूँ
मुझे उच्च रक्तचाप की शिक़ायत रहने लगी है
अकेले में घबरा उठता हूँ बेतरह

मेरे पास फट चुके जूते हैं
फटी देह और आत्मा
सूरज बुझ चुका है
गहराता अँधेरा है आँखों में
गहरा और गहरा और गहरा
और गहरा

मैं आसमान में सितारे की तरह चमकना चाहता हूँ।

असमय मृत्यु पर कविताएँ

एक

अस्पताल में हम उससे मिलने गये
मैं और मेरी माँ
लापता मामा के तीस साल के बेटे से
जो एक दुर्घटना में जल गया था

जले हुए कई और पीड़ितों की कराहों के बीच
हम उससे मिले
माँ को बताता रहा वह
शरीर के किस किस हिस्से से उठ रहा है दर्द
मुझसे इस हाल में भी वह एक पक्की नौकरी की दरियाफ़्त करता रहा

लौटते हुए रास्ते भर सुबकती रही माँ
मैं उसे नौकरी न दिला पाने के अवसाद में डूबा रहा

अगले दिन मिली उसकी मौत की ख़बर
बेहद अचानक, जैसे वह अमूमन मिलती है
माँ ने विलाप करना शुरू किया
मैं सोचता रहा नौकरी की उसकी इच्छा के बारे में

क्या ईश्वर के दफ़्तर में उसे मिलेगी नौकरी?
वह दसवीं पास था और ईमानदार भी
हमेशा ओवरटाइम के लिए लालायित।

दो

वह मर गया असमय
छोड़ पीछे चौबीस की पत्नी और सालभर की बेटी
एक दिन तो सबको मरना है
इस सनातन सत्य के गहरे आभास के बावजूद
उसकी मौत मेरे भीतर ठहर गयी

उसका मरना वैसा मरना न था
जैसा 'मरना', 'एक दिन तो सबको मरना है' के सत्य में है
वह आत्महत्या करता तो दुख न होता
क्योंकि ऐसा वह करता तभी
जब 'अच्छे दिन आएँगे कभी' जैसी
उसमें न रहती कोई उम्मीद बाक़ी
और तब वह जीता भी तो एक मरा हुआ जीवन जीता

वह मरा अधूरा
जैसे कुम्हार चाक पर पूरा न कर पाये
आकार लेती कोई कलाकृति
अपने भविष्य को लेकर भरा हुआ उम्मीद से
उसके बुरे और अच्छे दिनों में
एक पक्की नौकरी का फ़ासला था

मेरी आँखों से दूर नहीं होता
उसकी पत्नी का बिलखना
ठंड से फटे गालों वाली उसकी एक बरस की बेटी का
आँगन में आ बैठी एक चिड़िया की ओर लपकना।

तीन

वह अब सशरीर नहीं बचा था
सिर्फ़ हवाओं में उसके होने की सम्भावना थी

उनके लिए
जो उसे बेहद प्यार करते रहे होंगे।

चार

आठ घंटे की मशक़्क़त के बाद हमें मिल पायी उसकी लाश
शवगृह के कर्मचारियों को घूस दी गयी
पुलिसवालों की ख़ुशामद की गयी
एम्बुलेंस वाले ने लिये दोगुने पैसे

इस क्रूर दौड़भाग के बीच
लोगों से निपटता मृतक का छोटा भाई
बग़ावत में बीच-बीच में रो पड़ता था।

बेरोज़गार हरीश के लिए

तुम्हें कैसे कहूँ कि यह ज़िन्दगी ख़ुदा की सबसे बड़ी नेमत है
सुबह की सैर करना और जी खोलकर हँसना सेहत के लिए अच्छा होता है
हमें कभी-कभी रात और चाँद और पेड़ों की शरण भी जाना चाहिए
फूलों, चिड़ियों, तारों और बच्चों को भी निहारना चाहिए
निकलना चाहिए कभी सैर-सपाटे पर
कैसे कहूँ हरीश तुम्हें कि यह कायनात हमारे लिए है।

मुक्तिबोधों का समय नहीं यह

मैं चीज़ों का ज़िक्र नहीं करना चाहता
उनकी रूह उकेरना चाहता हूँ
मेरे पास बहुत पुराने हैं औज़ार
शब्द भाषा और विचार
मेरे पास एक आदिम सुबह है
जिसे मैं रात के मुहानों पर बिछा सकता हूँ
थकान और उदासी के धूसर कैनवस पर
खींच सकता हूँ खुशी की उड़ान
उम्मीद के नमक के सहारे
दुर्दिनों में बचा सकता हूँ स्वादिष्ट इच्छाएँ

मेरे पास पाँच हज़ार साल पुरानी
सभ्यता की स्मृति है
हजारों महर्षियों साधु-सन्तों की वाणी
पैगम्बरों धर्मग्रन्थों की बातें
और क्रांतिकारी दार्शनिकों के कालजयी विचार
उत्तर-आधुनिक समझ से लैस
मैं एक मामूली घटना का
बहुत सूक्ष्म विश्लेषण कर सकता हूँ
दम तोड़ सकते हैं जिसमें बुद्धि के समकालीन सूरमा
तर्क-वितर्क का ऐसा चक्रव्यूह रच सकता हूँ

आश्चर्य कि फिर भी खुल नहीं पाती हैं चीज़ें
प्रेम के रुपहले में अव्यक्त रहता है उसका यथार्थ

एक क़तरा आँसू के सम्मुख नतमस्तक हो जाती क़लम
एक मृत्यु का शोक एक हत्या का विध्वंस
एक कलाकृति की सुन्दरता एक व्यक्ति का अपनापन
एक चेहरे की रेखाओं में धँसा जीवन का विन्यास
दस नरकों की पीड़ाएँ झेलने को तैयार करता
भविष्य के घुप में झिलमिलाता अप्रत्याशित कोई सुख
कितना कुछ है जो खुलता ही नहीं

चारों ओर सिर्फ़ खोल पड़े हैं
काँच के टुकड़ों-से दृश्य आँख में गड़ते हैं
उनकी व्यथा शरीर के हवामहल में गूँजती रहती है
सब कुछ ठस्स भरा हुआ शरीर में
बाहर उड़ती है एक चिथड़ी भाषा
क्या कहूँ कैसे कहूँ किससे कहूँ
धर्म को धर्म पुलिस को पुलिस नहीं लिख सकता
धोखा है न्याय को न्याय लिखना
दुर्घटना को कहना दुर्घटना

घटनाओं की गति और प्रचुरता में निमग्न है संसार
चीज़ें जितनी अधिक उतनी महत्त्वहीन
सब कुछ अपने विलोम में खोजता अस्तित्व
पूरब पश्चिम का सूर्यास्त चूमता है पश्चिम पूरब की लाली
बुद्धि मूर्खता के कोटर में इठलाती बैठी है
अत्याचारी धर्म-ज्ञान-ध्यान के उपदेश देता है
ईश्वर अधर्मियों के दल का सबसे बड़ा नेता है
एक सरल रेखा खींचते हुए मेरे हाथ काँपते हैं
जीवन के बारे में सोचते ही सिर पर मँडराने लगती है मृत्यु

बचे-खुचे आलोचक हंटर फटकारते हैं
वे मंचासीन कहते हैं कविता के मुक्तिबोधों का समय नहीं यह
(कविता में सरलता की ज़बरदस्त माँग है)

क्रोध क्रन्दन कामनाओं की बूचड़ आँधी में घायल
मैं हर शब्द के लिए खोजता हूँ उपयुक्त विशेषण
दृष्टि के परदे पर हज़ारों प्रतिबिम्ब गिरते हैं
शब्दों की पकड़ में आने को इनकार करता
एक लहूलुहान क्रौंच पक्षी
छटपटाता रहता है भीतर।

बुद्धिजीवी विमर्श

जगमगाते सुन्दर शब्द
उनके भव्य अर्थ अपने ही बोझ से पस्त
एक उम्दा क़िस्म की फूहड़ता
भाषा का रुपहला जाल
हम दोनों जिसमें फँसे हुए
कभी मैं लिखता हूँ तुम पढ़ते हो
कभी तुम लिखते हो मैं पढ़ता हूँ

मैं भी देखता हूँ वही जो तुम देखते हो
सोचता हूँ वही जो तुम सोचते हो
कहता हूँ वही जो तुम कहते हो
हम सब कुछ देखने-समझने में बराबर माहिर
यह और बात कि हम हो चुके हैं बराबर खुरदुरे
कि कोई हमें लताड़े तो कोई बात नहीं
पुचकारे तारीफ़ करे सिर पर बिठाये कोई बात नहीं
हमारे सामने ही कोई लूटा जाये मारा जाये
मदद की गुहार लगाये
कोई बात नहीं!

तुमने गुजरात के शरणार्थी शिविर देखे?
मैंने भी नहीं देखे
आडवाणी ने भी नहीं देखे

असग़र वजाहत ने देखे और रोने लगे
रोते-रोते लिखीं उन्होंने कई कहानियाँ
तुमने पढ़ीं? मैंने भी पढ़ीं
आडवाणी ने नहीं पढ़ीं
अब वे शिविर उठाये जा चुके
जैसे मुनाफ़े के बाद
एक ही रात में बुहार दिये जाते हैं सर्कस के तम्बू

हमारे उकताये दिल बहलाने मगर वे फिर लौटेंगे

जिस उद्घाटन समारोह से लौटे हो तुम
मैं भी था वहाँ
नायिका ने जब रिबन काटा
मैंने भी बजायी ताली
हमने भरपेट खायी चाट-मिठाई
बाहर निकल कहा यही
इन चीज़ों का कोई मतलब नहीं
एक बौद्धिक ज़ायका मुँह में भर
हम लौटे अपने-अपने घर

हम इस कूड़े में सिर उठाये दो कुकुरमुत्ते हैं
कुछ भी कह लो हमें
—बाज़ार की झूठन चाटते कुत्ते की हिलती दुम के बाल
—जगत की देह पर अध्यात्म की खुजली लगी खाल
कुछ भी कह लो क्या फ़र्क़ पड़ता है
क्या फ़र्क़ पड़ेगा कल मारे जाएँ सड़क पर खुलेआम
जीते रहें सौ बरस तक करते हुए काँव-काँव
या बोरिया-बिस्तर लपेट लौट जाएँ अपने गाँव

हम दो मनुष्य अपने फ़ालतू होने के ख़िलाफ़ युद्धरत
अपने अच्छेपन की जुगाली करते हुए

हमारे ही जैसे लोग चारों तरफ़
बड़े-बड़े सपने सबके छोटी ख़ुशी
चेहरे पर दुख बगल में दबी हँसी
बुद्धिजीवी विमर्श का यही है चौतरफा मंजर
हाँ! हाँ! यही ख़याल हममें भरता है ईंधन
इन्हीं के लिए करते हम शब्दों का उत्पादन

और और सुन्दर शब्द
और और उम्दा फूहड़ता।

दृश्य में चीज़ें

दृश्य में शामिल होती हैं कई चीज़ें
चीज़ों से जुड़े होते हैं कई दृश्य
कई दृश्यों में चीज़ें दूसरे दृश्य खोलती हैं

दीवार पर टँगी तस्वीर सिर्फ़ तस्वीर नहीं
हमारी आँख पर अकस्मात् खुलती
वह एक अँधेरी गुफा होती है
जिसमें स्मृतियों का अँधेरा उड़ता
हमारे बैठकख़ानों की रोशनी निगल जाता है
देह आत्मा का घर नहीं
एक जलती हुई भूख होती है
ख़ुशी सोच की करवट होती है
पनपती है जिस पर आश्रितों की उम्र
आदमी की साँस ऐसी उर्वर ज़मीन होती है

थोड़ा बादल थोड़ी बारिश
और प्रेमियों की स्मृति में हमेशा ताज़ा
अन्तिम मिलन की निशानी होता है एक पेड़
दुखों से मुक्ति का न्योता देती
सातवीं मंज़िल चौरासी फीट की ऊँचाई होती है
ज़रा-सी रोशनी नहीं होती एक तीली आग
लोभियों का कामगार हथियार होती है

जिसे उड़ाती फिरती हैं ख़ुशफ़हम लड़कियाँ
दुपट्टा उनके लिए
फाँसी का फन्दा होता है।

कुछ बातें

ताक़त कभी हक़ की बात नहीं करती
प्रेम की माँग नहीं करता भूखा आदमी
सूखा कंठ रक्त नहीं दो घूँट पानी माँगता है
विपदाओं को झेलने और ख़ुशियों को जीने की कोई उम्र नहीं होती
अत्याचारों को सहने का कोई तजुर्बा नहीं होता
हम मरते हुए भी जीते हैं और जीते हुए भी मरते हैं

एक छोटा-सा अन्याय बच्चों की मासूमियत ले जाता है
एक निस्वार्थ उदारता मरने तक याद आती है
ख़ुशी की रोशनी क्षणभंगुर साबित होती है
अपार बन जाती है मुसीबत की एक रात

परोपकार एक छलावा है मगर अत्याचार से बेहतर
अस्थायी लगाव एक धोखा है मगर नफ़रत से बेहतर
अन्तिम सत्य मृत्यु नहीं वर्तमान क्षण होता है

मेरे गले में हिचकियाँ भर जाती हैं
देखता हूँ अँधेरी दुनिया में सालों रियाज़ के बाद
एक अन्धे को लेते कठिन सुर का सधा अलाप
एक बूढ़ा लड़खड़ाते शिशु की ओर सहारे के लिए बढ़ाता है हाथ
मैं रो पड़ता हूँ
यह जानते हुए भी मारा जाएगा वह
एक शख़्स उठाता है जब अन्याय के ख़िलाफ़ आवाज़।

आपातकाल

मैं बारह साल का था
जब आपातकाल लागू हुआ
एक की पीठ पर गोली मारी गयी
एक घर से ग़ायब हुआ
एक को चौराहे पर पीटा गया
तीनों लिखते थे कविता

सब कुछ कितना बदल चुका है
मैं लिखता हूँ कविता
मेरी पीठ पर गोली नहीं मारी गयी
मैं अपने घर से ग़ायब नहीं हुआ
नहीं पीटा गया मुझे चौराहे पर

सभागार खाली हैं
खाली हैं साहित्य और दर्शनशास्त्र की कक्षाएँ
मंच और शहर के सभी थियेटर
मज़दूरों के झंडे दफ़नाए जा रहे हैं

एक विचार की पीठ पर गोली मारी जाती है
एक शब्द अपने घर से ग़ायब हो जाता है
एक आन्दोलन को चौराहे पर पीटा जाता है।

नये दिन तू लौट जा

एक नया दिन पारदर्शी पुकारता हुआ
इतने उज्ज्वल दिन को
मगर कहता हूँ मैं, तू लौट जा!

लौट जा ओ नये उजले दिन
भर आलोक अँधेरों में डूबे पराजित दिलों में
दे रोगियों को एक और दिन हवा और धूप से भरा हुआ
तू संसद के परकोटे से भीतर कूद जा
और महामहिम मन्त्रियों से हाथ मिला
मन्दिरों मस्जिदों की गुम्बदों पर बैठ देख तमाशा
या फ़िरक़ापरस्तों की हिंसक हँसी में डूब जा

निकल जा इन मलिन बस्तियों से दूर कहीं
जंगलों झरनों के गीत सुन सभ्यता को भूल जा
जा तू चाटुकारों के भाल का टीका बन जा
हत्यारों के प्रांगणों में फूल खिला
माफ़ करना! मैं नहीं कर सकता स्वागत तेरा

विस्फोटों से झुलसी हुईं चारों दिशाएँ
बच्चों की लाशों पर बिलखतीं कश्मीरी माँएँ
तुझसे डरकर ही विदर्भ में किसान कर रहे आत्महत्या
जा तू यमुना का बचा हुआ पानी भी पी जा

बन जा पंचतारा होटलों के शराब कक्षों का बैरा
चाहे तो अमेरिका का झंडा बन हर मुल्क पर फहरा

जा मेरी ज़िन्दगी में सुबह के कोई मानी नहीं
सुबह होती होगी राष्ट्रपति महोदय के बग़ीचे में
जहाँ फूल भी हैं चिड़ियाँ भी और सुरक्षा भी
मेरा क्या है मैं सुबह-सुबह सड़क पर कुचल दिया जा सकता हूँ
मैं अपने गुज़रे कल में भी जीता रह सकता हूँ
वह कल जब तुझ जैसे पारदर्शी दिन को देखकर यक़ीन होता था
एक दिन ये दुनिया ज़रूर बदल जाएगी।

दिल्ली की सुबह

सेहत के लिए नैसर्गिक टॉनिक
सुबह के स्वागत में
मैं रोज़ खिड़कियों से परदे हटाता हूँ
सोचता हूँ इतनी सुबह निकल जाऊँ घर से
न दिखे बाहर कुछ भी ख़ालिस सुबह के सिवाय
साबुत रहें रात के निशान
जबकि चिड़ियों ने पहले आलाप के लिए
छेड़े न हों गले के तार
नींद में ही ऊँघता हो संसार

सड़क पर लैम्पपोस्टों की पीली रोशनी में
दिखाई दे धुन्ध-सा उड़ता अँधेरा
हवा में बची रहे ठंड की सलवटें
इतनी सुबह जब चौकीदार
गर्दनें लटकाये बेसुध सोए होते हैं

मगर दिल्ली की सुबह खैरात में बँट रहे कम्बलों जैसी
ज़रा-सी देर में झपट ली जाती है
घर से निकलते ही दिख जाता है कोई दूसरा
सुबह को गपागप गटकता हुआ
पीछे-पीछे खींचते अपने मालिकों को
सुबह की ज़मीन पर सभ्यता के पहले चिह्न छोड़ते

नवाबों की तरह निकलते हैं घरों से अघाये कुत्ते
अँधेरे में ही बाहर निकल आता है
बूढ़ों का गैंग
दूर से ही सुनाई पड़ जाती है उनकी हा हा ही ही

कार चलाना सीख रही युवतियाँ भी
खुली सड़कों पर हाथ साधने को
तड़के निकल आती हैं
उनकी चपेट में आने का भय
मुझे सड़क पर किनारे ठेलता रहता है

दिखती है सुबह-सुबह मुझे
बड़े पेट और थुलथुल शरीर वालों की असल जनसंख्या
वे चारों दिशाओं से हाँफते नाक सुड़कते उमड़ते आते हैं
जैसे सुबह कोई बाँसुरीवादक
और वे हेमलिन नगर के नादान बच्चे

नहीं दिखती मुझे वह सुबह कभी
पूर्वज जिसके अनोखे ब्यौरे दे गये
वह भर चुकी है कारों और कुत्तों से
हा हा और ही ही से
घरघराते हवाई जहाज सुबह-सुबह भरते हैं उड़ान
बुरी ख़बरें हमारे दरवाज़ों पर फेंक दी जाती है

कितनी लम्बी हो गयी है जीवन की रातें
सुबहें कितनी छोटी!

कृष्ण और मैं

कृष्ण का बचपन देखकर लगता है कि अपना तो यूँ ही गुज़र गया
कुछ भोलेपन कुछ निरीहता में
शैतानियाँ मैंने भी कम नहीं कीं
घरवालों से छिपकर स्कूल से लौटते हुए नदी में तैरने जाता रहा
माँ को एक दिन जब मालूम चला
लाल कर डाले उसने मेरे पैर बिच्छूघास से
फिर वह ख़ुद भी लगी रोने
वह जानती थी कि हर साल नदी किसी-न-किसी को लील ही जाती है
पता नहीं उसने मुझपर गुस्सा निकाला या नदी पर

बचपन में गफ़लत में रहा कि मैं इनसान नहीं भगवान हूँ
अपने इस यक़ीन को परखने के वास्ते
मैंने कंचों का निशाना लगाने का खेल कई मर्तबा खेला
मन ही मन हर बार यही शर्त लगाकर कि अगर सारे निशाने सही लगे
तो निर्विवाद मैं अपनी नज़र में हूँगा भगवान
मैंने अपनी इसी ख़ब्त में कई दुपहरें बर्बाद कर डालीं

मगर असल जीवन में मेरे कृष्ण जैसा ऐश्वर्य नहीं, बहुत थीं दुश्वारियाँ
बचपन में दही-दूध को मेरा भी जी ललचता था
मगर दिल्ली की तंग गलियों में जहां
इमली तोड़ते और गन्ने चुराते गुज़ारे बचपन के कई बरस
जब पिता फ़ौज में सिपाही थे

और माँ गाँव छोड़कर देश की राजधानी में आयी
सहमी और उतनी ही विस्मित एक मृगनयनी
उन दिनों मैं नुक्कड़ की हलवाई की दुकान से महीने में एकाध बार
अपनी फटी नेकर में थिरकता-नाचता हुआ लाने जाता था दही
रसमलाई तो चखी मैंने कई सालों बाद
नौकरी से मिलने वाली तनख़्वाह का भी जब सुरूर ख़त्म हो चुका था

कृष्ण की तरह मैं भी गया गायों के संग बनकर ग्वालबाल
यह उन दिनों की बात है जब मूँछों की झाइयाँ दिखना शुरू ही हुई थीं
पिता ने मानसिक सन्तुलन खो जब छोड़ दी थी नौकरी
और माँ को चूल्हे की लकड़ियों के लिए जंगल में भटकना पड़ता था
उसने तब बेचकर अपने सारे गहने ख़रीद ली थी दो गायें
मगर उनके लिए घास ख़रीदने की हमारी कूवत न थी
सो स्कूल से लौट रोज़ ले जाता मैं उन्हें एक हरे पहाड़ पर
लेकिन मेरे पास कोई बाँसुरी न थी न उसे बजाने का हुनर
कि उसकी तान सुनकर चली आतीं मेरे पास ग्वालबालाएँ
अलबत्ता मेरे साथ पड़ोस में रहने वाली एक हमउम्र लड़की ज़रूर होती थी
काम के बोझ से इस कदर टूटी हुई
कि पेड़ की छाँव में हवा के पहले ही झोंके में गश खाकर सो जाती थी

यानी लगभग वैसे ही बचपन और किशोर वय से गुज़रते हुए भी
कन्हैया के जीवन जैसा न बन पाया मेरा जीवन
जवानी की तो बात ही क्या की जाए
क्योंकि वहाँ कृष्ण की हज़ारों रानियों का एक ऐसा वृत्तान्त है
जो उस युग में भी असम्भव प्रतीत होता है, इस युग की क्या बात
और अभी तो बाकी है महाभारत की पूरी कथा
जिसमें कृष्ण अर्जुन को दिखाते हैं अपना विश्वरूप
एक गीता का मसौदा तैयार होता है
ये बात दीगर है कि इन दिनों महानगर ही क्या
छोटे क़स्बों, गाँवों या कहीं भी आप रहें जीवन किसी महाभारत से कम नहीं।

अबोला

पता नहीं किस बात पर हुई अनबन
गुस्से में आकर किसने क्या कहा क्या कहूँ
इतना जान लीजिए दो दिन से घर में अबोला है

ये गृहस्थी के भीषण दिन हैं
बेटी छोटी है स्कूल जाती है
पत्नी नौकरी करती है
ख़ुद मैं रहता हूँ कामों में लस्तपस्त
प्रेम करने की हमें फ़ुर्सत नहीं मिलती
पैसा है कि पूरा नहीं पड़ता कभी

ऐसे में किसी बात पर ठन गयी होगी
सात-आठ साल पुरानी गृहस्थी में यह अचरज की बात नहीं
दो दिन से हम मुँह फुलाये हैं बन्द है बातचीत
घर में अपूर्व शान्ति है

इस बीच कई क्षण आए जब मैं बोलने-बोलने को हुआ कुछ
मसलन रात जब मैं सोने की कोशिश कर रहा था
वह लाइट जलाकर न जाने किन काग़ज़ों में उलझी हुई थी
रोशनी में मेरे लिए सो पाना कठिन है
मैं कहना चाहता था— प्लीज़! यह लाइट बन्द कर दो!
मैं थका हुआ हूँ और सो जाना चाहता हूँ

लेकिन मैं बदलता रहा करवट-पर-करवट
सुबह वह जब हड़बड़ी में दफ़्तर जाने को थी
उसने पहनी थी मेरी सबसे पसन्दीदा बैंजनी सलवार कमीज़
मैं फिर कहने कहने को हुआ— बहुत दिनों बाद तुमने पहना यह सूट
मगर अपनी तो बोलचाल बन्द थी!

उसके साथ भी ज़रूर ऐसा ही हो रहा होगा
सुबह नाश्ते पर हम एक-दूसरे के आमने-सामने बैठे थे
जब वह अपनी प्लेट में अचार का टुकड़ा डाल रही थी
वह शायद कहना चाहती थी— तुम भी ले लो थोड़ा अचार
मगर चुप रही
दफ़्तर को निकलते हुए उसने रोज़ की तरह नहीं कहा मुझे 'ओके बाय'

दो दिन से हमने एक-दूसरे को फोन नहीं किया
एक-दूसरे की ओर देखकर मुस्कराये नहीं
सर नहीं खपाया किसी समस्या पर
भविष्य की कोई योजना नहीं बनायी
मगर इस अबोले में जाना हमने
कितनी सारी बातें हैं आपस में साझा करने को
कितनी छोटी-छोटी कितनी ज़रूरी
अबोला न चल रहा होता तो मैं पूछता
—बिजली का बिल कहाँ गया?
—इतने दिनों से क्यों नहीं बनाया साँभर डोसा
वह भी मुझसे कहती शायद
—सब्ज़ी महँगी हो गयी बहुत!
—ठंड बढ़ रही है, हमें रज़ाइयाँ निकाल लेनी चाहिए

दोस्तो, बहुत दिनों तक नहीं चलेगा यह अबोला
इतनी बातें हैं एक-दूसरे से इतने काम
इतना लम्बा सफ़र तय करना है साथ-साथ
कुछ-न-कुछ तो हम बोल ही पड़ेंगे।

डेढ़ बरस की बेटी के लिए

जब तुम बीस बरस की होगी
मैं पचपन का हो जाऊँगा
बीस बरस बाद दुनिया को तुम ख़ूब समझने लगोगी
अभी ज़रा-से अँधेरे से जो ख़ौफ़ खाती हैं
तुम्हारी आँखें रोशनी के ख़तरों को भी पहचानेंगी
जिन आवाज़ों से डरती हो तुम
उनके शोर के अभ्यस्त हो जाएँगे तुम्हारे कान
तुम्हारे चेहरे की मासूमियत पर अनुभवों का जाल बनने लगेगा
और जिसका मैं और तुम्हारी माँ बेसब्री से करते हैं इन्तज़ार
वह तुम्हारा पहला क़दम!
तब तक पार कर चुका होगा जीवन का कितना विस्तार
बीस बरस बाद

तुम्हारे साथ पहली रेल यात्रा का रोमांच गुदगुदाता है
बढ़ती समझ के साथ जो पैदा होंगे
तुम्हारे अजस्र सवालों का इन्तज़ार है मुझे

मेरे दोस्त हिदायत देते हैं तुम्हें कविताओं से दूर रखूँ
कला और संगीत भी जोखिम भरे रास्ते हैं
सोचता हूँ तुम्हारी शिक्षा समय के चलन के मुताबिक हो
परवरिश ऐसी कि बात-बात पर रोना न आये
तुम्हें ज़रूरी चीज़ों का कभी अभाव न हो

खिलौने और किताबें समय पर मिलती रहें
खुराक ऐसी कि सुन्दर-स्वस्थ शरीर तुम पाओ

मगर प्यारी बेटी मैं जानता हूँ
इनसे कहीं ज़रूरी है सबक जीवन के
बिना ठोकर खाये जो नहीं मिले किसी को

ये सब दूर की बातें हैं
तुम जो हरवक़्त नाक में दम किए रहती हो
मेरी बुलबुल
मुझमें जज़्ब होती अनवरत एक गुदगुदी
आँगन में फुदकती मेरी गिल्लू
मैं तुम्हारा पिता अभी तो
तुम्हारे चुम्बनों में भीगा हुआ रहता हूँ।

उम्रदार माँ

बचपन में साथ खेली सहेलियों में से कुछ जवानी तक आते-आते गुज़र गयीं
उनकी अब स्मृति में धुँधली तस्वीरें भी नहीं बचीं
इस दौरान और भी कई जान-पहचान वाले और कितने ही प्रियजन स्वर्गवासी हुए
पति ने भी कुछ बरस पहले बीच राह साथ छोड़ दिया
मगर गुज़र चुके जीवन के आरपार नज़र फेंकती हूँ तो
मृत्यु की इन दुखद घटनाओं के अलावा कुछ नहीं ऐसा तकलीफ़देह
बल्कि मैं ख़ुद को सौभाग्यशाली मानती हूँ कि किसी रोग की चपेट में आकर
बिस्तर में न पड़ गयी बच्चों के गले की फाँस बनकर

मेरे इष्ट ने मेरे परिवार पर बुरे दिनों का साया नहीं पड़ने दिया
मेरे दोनों बेटे अपनी गृहस्थी में डूबे हैं, ख़ुश है बेटी
जीवन की आपाधापी बहुत बढ़ चुकी है
बच्चों के पास मेरे लिए नहीं रहता ज़्यादा वक़्त
पर क्या कम है कि उन्हीं की बदौलत कर पायी मैं चारधाम की यात्रा
उनके छोटे-छोटे बच्चों ने मुझे बाँधे रखा जीवन से

मगर अब समय हो चला है मेरा भी
सोचती हूँ कितना अच्छा हो कि किसी रात सोऊँ और सुबह उठूँ ही नहीं
नींद में ही निकल जाएँ मेरे प्राण
इसलिए एक दिन जब सीने में उठा असहनीय दर्द
मैं छाती भींचकर पड़ी रही बिस्तर पर
रात की उस नीरवता में जब गहरी नींद सो रहे थे सब

आवाज़ रोकने को मैंने रख लिया मुँह पर हाथ
और साँस थामे दुनिया से बेआवाज़ रवानगी का इन्तज़ार करती रही

वह रात मगर मेरी मुक्ति की रात न बनी
दर्द कम होता गया और मुझे नींद आ गयी
सुबह उठी हकबकाकर तो देखा बहुत देर हो गयी थी
आज मेरी जगह रसोई में चाय बना रहा था बेटा

उसे देखती मैं खड़ी रही
अपराधी-सी।

माँ का सपूत

जैसे मई के सूने आकाश में
कहीं से प्रकट होता है
पानी से भरा एक बादल
और उम्मीद बनकर छा जाता है

ढलती दुपहर में
आवाज़ लगाता दौड़ा आ रहा है
पहाड़ की ढलान पर
स्कूल से लौटता

घसियारन माँ का सपूत।

अनपढ़ माँ

वह बूढ़ी और निरक्षर है
घर के भीतर एक छोटे-से घेरे में
इस पृथ्वी पर वह थोड़ी ही जगह घेरती है

सत्तर साल की माँ बुढ़ापे में भी खटती
अपने सैंतीस साल के बेटे के लिए
नाश्ते में बनाती है राई की हरी सब्ज़ी और अंडे की भुजिया
अपने देवताओं से अधिक वह मेरा ख़याल रखती है
मेरा गुस्सा उस पर दैवीय अनहोनी की तरह गिरता है

उसे नहीं मालूम कोलम्बस के बारे में
शाहबानो गौरा देवी और मदर टेरेसा कौन थीं
धर्म कैसे बने उनका प्रयोजन क्या है
कि यह पृथ्वी ब्रह्मांड में तैरता धातुओं का एक ठोस गोला है
कहीं नहीं है उसका सरग लोक न कहीं नरक
मरेंगे एक दिन हम भी जैसे हर जीव मरता है
जैसे उसकी दो सन्तानें मरी बचपन में ही

मैंने पढ़ी किताबें और जानने लगा ये बातें
इन्हीं की बदौलत मिली मुझे नौकरी
माँ के लिए मगर सब इष्ट-कृपा थी
उसी का उपकार था कि निरक्षर रहते हुए

जन सकी वह साक्षर बच्चे
शराबी पति सँभालती बच्चे पालती
वह जंगल से घास और लकड़ी लायी
वह कब उठती थी सोती कब थी कोई न जान पाया

आज मुकर्रर है उसके लिए घर का एक कोना
वहीं सजा दिये गये हैं उसके देवतागण
उसका आसमान सूरज चाँद और तारे
सिमट गया है वहीं जीवन उसका

कितनी हैं बची हुई ऐसी माँएँ
लुटाने को रहा जिनके पास सब
शरीर अन्तिम साँस तक काम आने को
वे जिन्होंने ककहरा नहीं सीखा न एबीसीडी
उनके पास ख़ज़ाने की तरह रहे दाल छौंकने के नुस्खे
और एक कलेजा जो बात-बात पर फटने को आता रहा

मगर माँ ने टूट चुके दाँतों वाले मुख से भी
कड़ा अभ्यास कर सीख लिया है शंख बजाना
तीन बरस की पोती के साथ खेलती
टूटी-फूटी जैसी भी
आजकल वह सिखा रही है उसे एबीसीडी!

जड़ें

एक गाँव है माँ के अतीत में
बार-बार पुकारता उसे

वह शहर में मेरे साथ रहती है
जब भी हम जाते हैं गाँव
दिखाती है मुझे जंगल के रास्ते
वह चट्टान जहाँ से घास काटती
धड़धड़ाती गिरी उसकी प्रिय सखी
मालू का पेड़ जिसके पत्ते तोड़ते हुए
सैनिकों की सुहागिनें गाती थीं उदास गीत
नदी के पहचानती वह कई राग
मुँह-अँधेरे शुरू होता संगीत उसका
गहरी रातों को सींझता हुआ

माँ लौटती है गाँव से
अपनी ज़मीन की सुगन्ध में महकती
कभी-कभी मृत्यु को याद करती
कहती है ले जाना पहाड़
जंगल की लकड़ियों को सौंप देना
वह मेरी जन्मभूमि मेरी जड़ें वहीं
इस काठ शरीर को रामगंगा में बहाना

और यह मैं हूँ
भटकता शहर दर शहर

किसी जंगल की स्मृति नहीं
मैंने दूर से ही देखीं नदियाँ
जवान होते होते पहाड़ों से भी
बिछुड़ गया
मेरी जड़ें कहाँ।

परिवार-1

दुनिया में उतनी ही घटनाएँ
उतने ही उत्सव शोक संवेदनाएँ

देख रहा हूँ
तारों की बढ़ती टिमटिमाहट
समय को आकाश में कपड़े बदलते
बहुत लम्बी है आज की रात

बाहर रह-रहकर चमकती बिजली में
घर की नींव काँपती है
भीतर माँ से चिपटी हुई
सो रही है बीमार बेटी

चिड़िया-सी बेटी
घोसले-सा
यह नश्वर परिवार
बाहर कितना विकराल
अजर-अमर संसार।

परिवार–2

दूर कहीं से आ रही है
कुत्ते की भौंकने की आवाज़
बेटी को तेज़ खाँसी उठी है

बगल के कमरे में
माँ सो गयी है टीवी खुला छोड़
नींद में माँ का चेहरा बच्चे जैसा
उसका रक्तचाप ठीक लगता है

सोचता हूँ पत्नी के बारे में
लकवा पीड़ित उसके पिता भर्ती हैं अस्पताल में

मैं सोचते–सोचते सो जाऊँगा
सो जाएगा यह घर

सिर्फ़ चाँद होगा
पेड़ों पर अटका
मैदान पार करता...

पिता–पुत्र

मेरे पिता एक फ़ौजी थे
मगर वे मरे एक शराबी की मौत

उन्होंने कभी मेरे सिर पर हाथ नहीं रखा
नहीं चूमा मेरा माथा
बचपन में गणित पढ़ाते हुए
उन्होंने ग़ुस्से में मेरी गर्दन ज़रूर दबायी

उनकी मृत्यु के बारे में बताते हैं
उस रात वे बैरक में अकेले थे
उन्होंने छककर शराब पी थी
पीकर सो गये
नींद में ही फटा उनका मस्तिष्क

पिता की तरह मैं भी एक फ़ौजी बना
और एक फ़ौजी का होना चाहिए कड़ा दिल
माँ मेरे कन्धे पर सिर रखकर रोयी
बहन के आँसू थमने को नहीं आये
मैं नहीं रोया

इस बात को जैसे एक जन्म गुज़रा
अब तक तो पिता का सैनिक रिकॉर्ड भी नष्ट किया जा चुका होगा

मगर मैं कभी–कभी नींद में अब भी छटपटाता हूँ
मरने से पहले उन्होंने पानी तो नहीं माँगा

मुझे क्यों लगता है कि उन्हें बचाया जा सकता था।

पृथ्वी पर मेरा जीवन

क्या किया मैंने इस पृथ्वी पर
इस मनुष्य जीवन का

मैंने एवरेस्ट पर झंडा नहीं फहराया
युद्ध नहीं लड़ा
कोई आविष्कार नहीं किया

अपने फेफड़ों में
हवा खींचने की भरपूर कोशिश की
बादलों को घुमड़ते देख ख़ुश हुआ
सूर्य के साथ तय की अपनी यात्राएँ

मैंने एक औरत से प्रेम किया
जानवरों से थोड़ा बेहतर ढंग से
उसने उपहार में दी एक सन्तान

पृथ्वी पर मैं पैदा हुआ
और जीते जी नहीं मरा।

स्त्री

एक

तुम्हारी देह में बहती थी
पृथ्वी की प्राचीनतम नदी
जिसके किनारे
सभ्यताएँ विकसित हुईं
हमने पानी पिया

तुम्हारी देह में एक खोह थी
बाहर की दुनिया से घबराकर
हम दुबक कर बैठे वहाँ
हमें नींद आ गयी

दो

बार-बार लौटूँगा तुममें

पानी-पानी में लौटता है
आग आग में
जीवन जीवन में
तुम्हारे पानी से बना मैं
तुम्हारी आग में तपा
तुम्हीं से जन्मा

जाऊँगा
कहाँ.... ?

तीन

जादुई स्पर्श
कथाओं में ही छूट गया
इतिहास में रह गयी
सारी करुणा

वह खड़ी रही
करती इन्तज़ार
और एक दिन पत्थर बन गयी

कोई नहीं आया
कोई नहीं
कोई भी नहीं....

एक चित्र

समय की कोमल शाख पर
पकती है एक ख़ालिस मिठास

कटार माँगती हैं आँखें
होंठ माँगते हैं धनुष
सादगी की गुज़ारिश करता है चेहरा
गर्दन ज़रा-सी लचक माँगती है

कन्धों के पठार पार करते-करते
ठिठकता है चित्रकार
उरोज माँगते हैं एक वक्र वितान
दो तिर्यक धार
एक व्यग्र उठान।

संगीत शिक्षिका

शहर की कर्कश आवाज़ों के बीच
सूर्यास्त के आसपास शुरू होती है
मेरे पड़ोस में संगीत की कक्षा
संगीत शिक्षिका
सितार पर छेड़ती है उँगलियाँ
लेती है पहला आलाप
बच्चे समवेत स्वर में दुहराते हैं राग

फ़िज़ा में घुलने लगता है संगीत
एक सुर तैरता आता है मुझ तक
भीतर घुमड़ती है बेचैनी
जैसे कोई दुख आँख खोलता हो

बाहर यूकेलिप्टस के अकेले पेड़ पर
तेज़ हो जाती है
पक्षियों की फड़फड़ाहट।

वंश-फूल

रहने दो अतीत की यातनाएँ
भविष्य में भरा है कितना विस्फोट
उसे याद नहीं
कितने घाव पड़े हृदय पर
लौट आये कितनी बार कगार से पाँव

सात गुफाएँ पार कर वह निकली है बाहर
सूर्य उसकी आत्मा में फूल खिला रहा है
हतप्रभ है उसका ईश्वर

उसे माँ बने कुछ दिन हुए
शरीर का हर अँखुआ फूट पड़ा है
अचेतन धुल चुका है

उसके संरक्षण में है एक शिशु जीवन
अपनी पीठ पर बाँधे उसे
वह क्रूरताओं के बीहड़ में उतरेगी
अपने रक्त से सींचेगी समय की कोमल शाख

एक इरादे की धार पर वह पिस रही है नाखून
दुनिया के इस घमासान में वह युद्ध करेगी

उसकी राख में खिलेगा वंशफूल।

दो स्त्रियाँ

अखंड दिनचर्या की आकाशगंगा से छिटकी दो उल्काएँ
शाम के धुँधलके में भरतीं साँस
आँचल से पोंछतीं पसीना

थोड़ी देर के लिए पैदा हुई हैं वे
थोड़ी देर में डूब जाएगा सूर्य
उनकी बातें हवा में घुल-मिल जाएँगी
एक-दूसरे से माफ़ी माँगतीं
दो रूहों की तरह
थोड़ी देर में
अपने रहस्यलोक में ओझल हो जाएँगी वे।

बीड़ियाँ

लम्बे रास्तों और अकेली रातों में
थकान पराजय और ऊब के ख़िलाफ़
सुलग रही हैं वे
सम्पन्न किए जा रहे हैं ज़रूरी कार्य
मज़दूर उठा रहे हैं इमारतें
कुली बोझ ढो रहे हैं

कुछ तकलीफ़ें हैं
जो तकलीफ़ों से ही काटी जानी हैं
या अदृश्य क्रूरताओं के विरोध में है यह
जबकि पसलियों में रह-रहकर उठती है टीस
नसीहतों को ठुकरातीं
होंठों की ओर चल पड़ती हैं बीड़ियाँ

एक विचार सुलगता है....
एक तकलीफ़ राख बनती है....
एक इच्छा दम तोड़ती है....

इन दिनों प्रेम

अवसाद से
सोचते रहने की बीमारी से
अकेले होने की यन्त्रणा से
नाकारा होने के आत्महन्ता एहसास से
क्रूर चीज़ों से बचने के लिए
प्रेम एक नैसर्गिक शरण है

हालाँकि इन दिनों प्रेम भी अब अपने में क्रूर हो चुका है बहुत
वह हत्याएँ करवाने पर आमादा दिखता है
इसे मगर अपवाद ही माना जाए
और कहा जाए कि पूरी दुनिया दरअसल प्रेम ही खोजती रहती है
युवा तो और भी ज़्यादा
उन्हें ज़्यादा अवसाद घेर सकता है
सोचने की ज़्यादा भयानक बीमारी लग सकती है
नाकारा होने के ज़्यादा गहरे अहसास में डूब सकते हैं वे

कभी ऐसा भी था कि पेड़ की छाँव कल्पना न थी
पेड़ की छाँव थी
बादलों की इच्छा न थी
बादल थे
एकान्त की चाहत न थी
एकान्त था

प्रेम का डर न था
प्रेम था

नदी का समूचा तट था प्रेम के वास्ते
बारिश और जंगल के सारे रास्ते
प्रेम का फल एकान्त में पकता है
प्रेम का बीज छाँव में फूटता है
प्रेम की आग बारिश में जलती है
शहरों में कम बचा है नैसर्गिक एकान्त
बहुत कम छाँव
कम बहुत बारिश

ज़माने की ओर पीठ फेरकर बुनते एकान्त
कभी दिख जाते हैं प्रेमीजन यहाँ
उजाड़ होते किसी बग़ीचे की
उजड़ती किसी झाड़ी की छाँव में
सटकर बैठे वे एक-दूसरे को चूमने को होते हैं
उनके प्रेम को प्रेम से कोई नहीं देखता
आपने भी देखा होगा पुलिस वाले
जिनमें कई बार महिला कर्मचारी भी शामिल होती हैं
अश्लील फब्तियाँ कसते किस तरह बरसते हैं उन पर।

दो प्रेमी

यह न सोचिए कि हमें न था मालूम कि मार दिये जाएँगे
प्यार की राह पर छोटे-से सफर में ही हम जान गये थे
अपने प्यार की ख़ातिर उठाया हो किसी ने कितना ही जोख़िम
दूसरे के प्रेम में सबको खोट नज़र आया है

दूसरों का प्रेम अपने शरीर से बाहर घटता है
आत्मा से तो कोसों दूर

इसलिए जब हमें चारों ओर से घेर लिया गया जैसे किसी आदमख़ोर बाघ को
उसके सताए गुस्से से भरे लोग घेर लेते हैं आँखों में उन्मादी हिंसा भरे हुए
और हमारे सिरों के ऊपर धारदार कुल्हाड़ी की चमक कौंधी
मृत्यु हमारे लिए दहशत न बन सकी
बल्कि चारों ओर बन्द रास्तों के बीच वह बनी अकेली एक खुली राह
जिस पर हमारे साथ चलने पर किसी को कोई ऐतराज न था
जिस पर हम आगे बढ़े जैसे बढ़ना ही चाहिए सच्चे प्रेमियों को
उतनी ही बेतक़ल्लुफ़ी से जैसे डूबते हुए सूरज को देखते हुए
वे बढ़ते हैं समुद्र की गीली रेत पर
मिट जाने को छोड़ते निशान।

प्रेम कविताएँ

एक

वह बारिश सिर्फ़ हमारे लिए थी
हवा और आकाश में तना रंगों का धनुष

वे दृश्य अब नहीं रहे वैसे
जिनसे गुज़रते हुए
हमने एक-दूसरे के लिए अपने दिल खोले

हम आगे बढ़ गये
उन पर गिरता रहा समय।

दो

मैंने कहा मैं एक ज़रूरी मीटिंग में हूँ
जबकि मैं बारिश में भीग रहा था
तुम्हारे इन्तजार में...

तीन

वे पश्चात्ताप के आँसू नहीं थे
ख़ुशी के भी नहीं
ढलक आये जो हमारे गालों पर

हमने एक-दूसरे को चखा
और पिघलने लगा सब
जमा होता रहा जो जन्म से

हमारे स्वत्व का निचोड़ था वह
गर्म और भाप छोड़ता हुआ

जीवन के रहस्य खुल गये हैं
पुनर्जन्म की आकांक्षा मर गयी है ।

चार

तुम्हारे बिना
चीजों का ख़ास मतलब न था
कुछ पेड़ थे
उनके बीच झाँकता आकाश
बादल थे भी या नहीं
हवा थी भी या नहीं

एक नदी थी
थी भी या नहीं।

पाँच

गुज़र चुकी उम्र की तरह प्रेम भी गुज़र जाता है!
क्रूर है ऐसा कहना
गुमराह करने वाला

गुज़र चुकी उम्र में
प्रेम होता है
जो बचा रहता है।

शरीर

इसी के लिए करता हूँ सब
भोजन व्यायाम और ध्यान
दुर्घटनाओं से बचाता हूँ इसे

क्या कहूँ— क्या है यह?
यह मैं ही हूँ
मैं यही हूँ
मेरा सब कुछ इसी में है
भरोसे, लड़ाइयाँ, प्रेम
विचार और अनथक यात्राएँ
सितारों जैसी उनकी दिप-दिप यादें

यह मेरा निजी संग्रहालय
भरा इसमें भीषण उद्वेग
गहरी ख़ामोशी
समुद्र और नदियाँ
प्रकृति जितनी देख पाया
जान पाया जीवन के रहस्य जितने

लूट लो
संग्रहालय खुला है अभी।

जीवन

एक

इसी देह में था सब
अहंकार की पर्त-दर-पर्त
इरादों और शब्दों के धारदार हथियार
सबसे छिपाकर रखी गयीं चालाकियाँ
इसी के भीतर थी दया
आकाश जितना फैला प्रेम का जलाशय
मैंने दुनिया देखी जैसी चाही देखनी
मैं ही था अपना ईश्वर
परोपकारी और पापी भी
जो पाया मैंने ही पाया
खोया
मैंने ही।

दो

'ग़लतियों को दोहराने वाले मूर्ख होते हैं'
ऐसा पढ़कर मुझे एहसास हुआ
मैं ग़लतियाँ ही दोहराता रहा
बुनियादी और आम ग़लतियाँ
बार-बार अहंकार और क्रोध की गिरफ़्त में आता रहा
और कई मर्तबा जब उदार हुआ तो भी
उदार होने के अहम का शिकार हुआ

मनुष्य होने की सीमाएँ थीं
एक टूटी
तो नयी ईजाद हो गयी।

तीन

जो जीवित है वही है
एक फूल खिला हुआ
या एक भिंचा हुआ चेहरा
जीवन सतत एक मृत्यु को भी जीता है
अतीत और भविष्य को भी
जिन दुखों को भुलाया जा चुका
पीड़ाएँ जो झेली जा चुकीं
सुख जिन्हें भोगा जा चुका
कभी वे भी स्रोत बन जाते हैं
सुकून के
तकलीफ़ के
कभी-कभी उस साहस के भी
जो आगे क़दम बढ़ाने के लिए ज़रूरी होता है।

उसे मैं दे दिया गया हूँ

(रघुवीर सहाय की स्मृति में)

शुक्रिया रास्तो
दुर्गम चोटियों तक पहुँचाया तुमने
पैरो
तुम लौट आये ग़लत रास्तों से

कार की मेरी खिड़की के बाहर
हाथ पसारे बच्चे को क्या कहूँ
अगले ही क्षण
जो ख़ाली हाथ चला गया

उसे मैं दे दिया गया हूँ।

घर और सड़क

मेरे साथ चली आती है घर तक सड़क
उसका आतंक मेरे पीछे
घर सड़क पर है
या घर के भीतर भी एक सड़क है ?

घर एक बस-स्टॉप है
धूप और बारिश से बचाता
एक रेस्तराँ है जहाँ भूख मिटाता हूँ
फिर निकल पड़ता हूँ

घर से निकलती हैं कई सड़कें
बचपन की जगहों और दोस्तों के जीवन में
आदम स्वभाव की ओर बार-बार मुड़ती
एक ऊबड़-खाबड़ सड़क
जाती है गाँव की ओर

कहीं नहीं जाता मैं
चलता ही चला जाता हूँ
दफ़्तर की अनन्त सड़क पर।

इच्छाएँ

जीवित रहने की एक अदम्य इच्छा
मरणासन्न रोगी को स्वस्थ कर जाती है
एक आत्महन्ता मृत्यु-इच्छा के सम्मुख
पराजित हो जाता है ख़ुशियों का भव्यलोक

पहले इच्छाएँ थीं बाद में सारे प्रहसन
उन्हीं से थे दुख उन्हीं से ख़ुशियाँ
जब चीज़ें मृतप्राय थीं
पराजय की चुप्पी छायी थी
धीरे-धीरे दुख की कोंपल पकी
अंकुरित हुई एक इच्छा
सूर्य निकला बादलों के पीछे चमचमाता
वह धूल उड़ाती आगे बढ़ी
उसने मंज़िलों का इतिहास रचा

इच्छाएँ नहीं थीं जहाँ
वहाँ निर्जन था
हवा थी या नहीं थी
आकाश में जलते-बुझते तारे थे
और एक हल्की नीली रोशनी से
छनकर गिरता मद्धम संगीत

वहाँ मृत्यु थी या निर्वाण?

कलाकृति

(रोदां की 'द थिंकिंग मैन' के दस वर्षीय सान्निध्य में)

झुका हुआ सिर हथेली पर रखा हुआ
बायाँ हाथ दाएँ हाथ को सहारा देता
धँसी छाती पेट पीठ से चिपका
कुहनियाँ पतली टाँगों के दो टापुओं पर टिकी हुईं

कोई रूप नहीं सिर्फ़ एक चेहरे का सपाट
एक सोचता हुआ आदमी
रूपहीन नस्लहीन वह मेरा शुभचिन्तक पुरखा
दुविधा में भीतरी अज्ञात से पुकारता
मेरी आत्मा-सा ही पवित्र और सच्चा

अनायास देता हुआ मुझे मनुष्य होने की प्रेरणा

दूसरों की नहीं की चिन्ता कभी
दी नहीं उन्हें भी जगह थोड़ी
सोचा सिर्फ़ अपने ही लिए
एक धिक्कार भाव उठता है उसे देखकर
बढ़ता है रक्तचाप
आत्ममन्थन का एक दौरा

एक कलाकृति
इसी तरह अपना काम करती है।

उदासी

वह दिल्ली में कभी नहीं पकड़ सकी मुझे
कलकत्ता में भी हाथ नहीं आया उसके
लौटते मगर कोई नहीं था साथ
सामने की बर्थ पर
दुबली काया वाली एक महिला खाँसती जाती थी
उसका बारह साल का अपाहिज बेटा
टकटकी बाँधे देखता था खिड़की से बाहर
बाकी की बर्थों पर छाया था सूनापन

मैं उस खाँसती हुई औरत से बात करता मगर
पता नहीं क्यों लगा ऐसा
मेरे बोलते ही जैसे वह रो पड़ेगी

और तभी शुरू हुआ स्पीकर पर लता का एक पुराना गाना
उसका संगीत कैबिन का खालीपन भरता
बाहर निस्सीम तक फैला था दृश्य हरा-भरा
सूर्य अपने रंग समेटता डूब रहा था

पता नहीं इसी सुन्दरता से निकली वह
या लता की आवाज ने अन्तस मेरा छील दिया था
या कि मेरे सामने खाँसती
जन्मी वह एक अपाहिज बेटे की माँ के सन्ताप से
गिरे एक-एक कर मेरे हथियार सभी

उदासी ने दबोचा मुझे रेल के डिब्बे में।

श्मशान में

वहाँ एक फूल था
पूरी ताक़त से खिला हुआ
नदी के पानी में
तैरता था
सारसों का एक झुंड

चिता को अग्नि दी जा रही थी
सोच में डूबे लोग धीमे-धीमे बात करते थे

मेरे दिमाग़ में कुछ नहीं था
मैं फूल को देख रहा था
जैसे पहले कभी नहीं देखा
सारसों को देख रहा था
जैसे फिर कभी न देख पाऊँगा उन्हें।

धूप में एक रविवार

धूप मेरी आत्मा में ऊष्मा बनकर उतर रही है
आकाश का नीला मुझे हरा बना रहा है

मैंने आँख मूँदकर पक्षियों की आवाज़ें सुनीं
गाड़ियों और जीवन के शोर के ऊपर तिरती महीन
और जाना कि किस तरह वे एक पल को भी ख़त्म न होती थीं
चारों ओर से हम पर बरसता रहता है कितना जीवन
मगर हम ही हैं कभी बुद्धिमान कभी मूर्ख बनकर
ज़िन्दगी गँवाने पर तुले रहते हैं

मैं देर तक सोखता रहा धूप
करवट बदल-बदलकर
काम के हर सोच को मुल्तवी करता
अप्रत्याशित इस समय को भरा माँ ने
अपने बचपन के क़िस्सों और धूप पर एक लोकगीत से
वह जब दिन का खाना बनाने चली गयी
मैंने उड़ते तोतों को देख अपना बचपन याद किया
इस शहर में कितने लोग धूप का आनन्द ले पाते हैं
चालीस की रवाँ उम्र में तो यह नामुमकिन हो चला है
मगर आज धूप में बेफ़िक्र लेटा अपनी उपलब्धि पर ख़ुश होता रहा मैं
सोचा मैंने लिखूँ इस ख़ुशी पर कुछ
जिसमें धूप हो, आकाश का नीलापन

रविवार की फ़ुर्सत और तोतों की ट्वाँ ट्वाँ
मगर लिख न पाया

धूप मेरे विचारों को सोखती रही
मेरे पास थी पेसोआ की कविताओं की क़िताब
मैंने पढ़ी एक के बाद एक उसकी कविताएँ अनेक
अन्ततः जब मैं छत से उतर लौटा घर के भीतर
धूप और कविताओं से भर चुका था इस क़दर
कुछ भी लिखने-सोचने की चिन्ता से बेज़ार
मैंने माँ के हाथ का बना खाना खाया
और कम्बल ओढ़कर सो गया।

धूप

इतनी प्रचुर वह इतनी प्राचीन
क़यामत के पार भी
जीवन के यक़ीन से भरती हमें
ठंडी और जड़ चीज़ों में भरती ऊष्मा
वह प्रकृति का अवसाद सोख लेती है

घरों के लिए औरतें जुटाती हैं थोड़ी धूप
गीली उनकी गृहस्थी
कच्चा थोड़ा अचार
सूख नहीं पाते कपड़े
जल्दी घिर आती है रात
अधूरे छूट जाते हैं प्रसंग

यह धूप है कि अन्तरिक्ष का सफ़ेद जादू
या कि उम्मीद का पुरातन रंग
रात के गर्भ से झाँक रहा है सूर्य
जगेंगे बच्चे अभी।

मैं नहीं हूँ

वह जो खिसियाता हुआ आदमी है
मैं नहीं हूँ
जिसकी आँख में नमी है
मैं नहीं हूँ
बात-बात पर छलकता
रोशनी में झलकता
अफ़सरों की डाँट खाता
मुस्तैद नौकरी बजाता
राशन की लाइन में
ख़ुशियों की ख़्वाहिश में
प्रेम के जंजाल में
इतने बुरे हाल में
यह मैं नहीं हूँ

मैं मज़े में हूँ!

सबसे सुन्दर

सबसे सुन्दर चाँदनी रात न थी न प्रेम
उनमें हमारे ज़ख़्म उभर आते थे

चाँद मगर सुन्दर था अपने में
जैसे प्रेम सुन्दर होता है
उसकी झलक भर खींच लेती है हमें
गिरफ़्त में जब तक नहीं आतीं
चीजें सुन्दर बनी रहती हैं

पर क्या है वह जो हमारी ज़द में भी
बना रहे सुन्दर
चाँद का निकलना
प्रेम में पड़ना

सबसे सुन्दर क्या जन्म लेना है?

कवि की मृत्यु पर

मेज़ पर राखदानी सिगरेट के टुकड़ों से भरी हुई है
उस पर रखी ऐनक
पहन लिये जाने को आतुर दिखती है
एक खुली क़िताब मेज़ पर औंधी पड़ी है
वहीं छूट गये क़लम से उठ रही है शब्दों की भाप
शब्द जिन्हें वह दुनिया को भेंट करना चाहता रहा होगा

मुफ़लिसी में मरा वह
मोर्चे पर डटा हुआ अन्तिम क्षणों तक
भरा हुआ वैचारिक कशमकश से
संचित अनुभवों से छाँटता काम की बातें
जीवन के पक्ष में करता लगातार जिरह
मेज पर फड़फड़ाते काग़ज़ पर दर्ज है एक अधूरी पंक्ति
एक शब्द जो 'क' से शुरू होता है

चिकित्सको!
जरा खोलो तो उसका दिमाग़ और बतलाओ
'क' से वह क्या लिखना चाहता था
'क' से क्या वह कोई सवाल पूछना चाहता था
बताओ
अन्तिम क्षणों के चरम ज्ञान में
वह दुनिया के बारे में क्या कहना चाहता था
''कद्दू?''

पाठक का ख़त

मेरी उँगलियों के पोर मुरझा गये हैं
अच्छी कविता की ख़ोज में
माथे पर फूट पड़ी है तीसरी आँख
समय फाँकता एकाकीपन में
मैं नोंचता रहता हूँ
अपनी बढ़ती दाढ़ी के बाल

दुनिया एक सिनेमाघर है
चेहरों के परदे हटा झाँकता हूँ भीतर
घरों में दफ़्तरों में संसद में
बच्चों की चमत्कारी हँसी
बूढ़ी औरतों के ढले स्तन तक
देखता हूँ सब कुछ

कहाँ है अच्छी कविता?
दबी हुई है मरे कबूतर की चोंच में
या उलझी रोज़ बूढ़ी होती
मेरी माँ के चेहरे पर

सोचता हूँ किस पर लिखूँ कविता
महामहिम राष्ट्रपति के शानदार घुड़सवारों पर
असल में जिनके न घोड़े हैं न सवारी

या प्रेम की कौंध पर
जो पड़ोस के युवा होते किशोर की आँखों में
दिखने लगी है इधर अचानक

लिख दूँ कुछ खलबली में
जिसे पढ़े कोई और ठगा रह जाए
तिलमिलाकर वह ख़त लिखे मुझे
वाह भाई, क्या कविता बनायी
बहुत-बहुत बधाई

मुझे एक पाठक के ख़त की ज़रूरत है!

बग़दाद में जुड़वा बहनें

वे हँसती हैं तो जैसे दिगन्त तक
फुलझड़ियाँ झरती हैं
समय के गर्भ में गुदगुदी उतरती है

दौड़ रही हैं पाँच बरस की जुड़वा बहनें
तितलियाँ उनके गिर्द
पेड़ बाहें फैलाए उठा लेना चाहते
सब डूब रहा है
उनकी हँसी में

हवा और नरम
घास और हरी
आसमान और नीला
मनुष्य और मनुष्य

दो नन्ही चिड़ियाँ
कूक से भरतीं अन्तरिक्ष

मगर यह बग़दाद है
यहाँ पेड़ क्यों
तितलियाँ क्यों

फूल क्यों
घास क्यों

धुआँ क्यों न उड़े धमाकों से

फूटा है एक बम यहाँ
मरे हैं कई
अमेरिकी कमांडर ख़ुश है
उसका कोई सैनिक नहीं मरा
मारी गयीं जुड़वा बहनें।

टैंक और बच्चे

बचपन में राह चलते मैं फ़ौजी गाड़ियों की ओर हाथ हिलाता था और सैनिकों से अपने अभिवादन का जवाब पाकर खुश होता था। देखता हूँ कि इराक़ी बच्चे भी अमरीकी फ़ौजियों का हाथ हिलाकर स्वागत करते हैं। वे उनके टैंकों को कौतूहल से देखते हैं और क़रीब जाकर गर्म इस्पात को छूना चाहते हैं। मैं धूल उड़ाते टैंकों के पीछे बच्चों को भागते हुए देखता हूँ।

बच्चे समझते हैं कि फ़ौजी बहादुर होते हैं। वे अपनी जान पर खेल कर भी उनकी हिफ़ाज़त करते हैं। इसीलिए दुनिया के सारे बच्चे फ़ौजियों को इतना प्यार करते हैं। वे उन्हीं की जैसी पोशाकें सिलवाते हैं और उनकी बन्दूकों और टैंकों जैसे खिलौनों से खेलते हैं।

मैं बच्चों को बताना चाहता हूँ कि उनसे वे दूर रहें। वे हमलावर टैंक हैं। उनकी तोपों पर उनके पिताओं के नाम खुदे हैं और पहियों के नीचे उनकी माँओं को कुचला जा रहा है। दूर रहें इन ख़ूनी टैंकों से क्योंकि इनके चालक अन्धे हो चुके हैं। वे डरते हैं कि उन्हें छूने की हसरत लिये उनकी ओर दौड़ते आते बच्चों के सीनों में बारूद न भरा हो।

अली इस्माइल* की कथा

उसके माता-पिता युद्ध की आग में जल गये
मारी गयी छोटी बहन भी
दोस्तों का कोई पता नहीं

उसके दोनों हाथ भी जाते रहे
जिसमें वह तैरता था भरी दोपहर
दज़ला क्यों बची रह गयी
घर के आँगन में खजूरों से लदे
क्यों बचे रह गये इतने पेड़?
दज़ला में अब कौन तैरेगा
खजूर के पेड़ों पर चढ़ेगा कौन?

*2003 में बग़दाद पर अमेरिकी हमले में माता-पिता, भाई-बहन और अपने दोनों हाथ गँवा चुका इराक़ी बच्चा।

दृश्य–1

चार साल की लड़की
एक निर्माणाधीन पुल के नीचे
अपनी अस्थायी झोपड़ी का अहाता बुहारती है
कड़क ठंड में गर्म कपड़ों की तहों के भीतर
जितनी देर मैं ठहरा रहा लाल बत्ती पर
ठिठुरता रहा
खिले फूल वाले फटे महज़ एक फ्रॉक में
ओह! कितनी धैर्यवान वह
नंगे पाँव बुहारती रही पृथ्वी का कूड़ा।

दृश्य–2

वह कोई मिट्टी का ढेला
सूखा पत्ता या टिन का टुकड़ा न था
मूल्य में नगण्य और आकार में इतना छोटा
कि दिखाई ही न पड़े
वह हमारे ही बराबर था
सड़कों के बीच पथ पर
औंधा मुँह पड़ा हुआ

रात भर उस पर गर्द जमा होती रही थी

होगा वह कोई
वक़्त की लहर ने पटक दिया होगा यहाँ इसे
इसने पी ली होगी ज़्यादा शराब
कोई ख़ुदमुख़्तार प्रेमी इस बड़े शहर का
वियोग में सोया होगा यहाँ अन्तिम नींद
या यह कोई नाकारा
पागलों की दुनिया का एक नया नागरिक
जो थोड़ी देर बाद कपड़े झाड़ता उठेगा और कहीं चल देगा

लौटने तक वह नहीं मिलेगा यहाँ
उसके परिजन खोज ही लेंगे।
नहीं तो पुलिसवाले लगा देंगे ठिकाने कहीं

यही सोचते आगे बढ़ते जाते थे
उसकी ओर नज़र फेंकते
एक लाभकारी दिन का आग़ाज़ करते
सुबह-सुबह कारोबार पर निकलते महानगरवासी।

चाँद— दूसरी नज़र

आसमान के माथे पर पीले पारे की एक जगमग बिन्दी
वह जब उरूज़ पर होता है
समुद्रों का पानी उफनता बढ़ता है उसकी ओर
नज़र बरबस अटकी रह जाती है उस पर
जवान होने लगती हैं हसरतें

मगर यह सुबह का चाँद है
निर्माणाधीन मेट्रो लाइन के पार
शहर की झुग्गी-झोपड़ी ग़रीबों की बस्ती के ठीक ऊपर
कुम्हलाया जैसे लम्बे सफर में एक थका हुआ यात्री
रोज़ाना के कामों में लीन दुनिया में
वह मनुष्यों का ध्यान खींच पाने में अक्षम

रात होगी जब
वह क्या कोई दूसरा चाँद होगा
कोई दूसरी नज़र
या सिर्फ़ इतना कि तब अँधेरा होगा
झुग्गी-झोपड़ी ग़रीबों की बस्ती
सारा असुन्दर समेटे अपनी कोख में।

अपरम्पार दुनिया

एक दुनिया है असंख्य दुनियाओं से बनी
उतनी ही काँपती-सिहरती हरकत भरी
असंख्य दुनियाओं की अपनी-अपनी दुनियाएँ हैं

एक चित्रकार ने रंगों के किये परीक्षण
अनवरत् अभ्यास से पहचानी उनकी सुन्दरता
जाना कि एक तीसरे रंग के लिए
एक रंग में मिलाये कितना रंग दूसरा
अब वह लकीरों में उतारता है हँसी
दृश्यों में भरता है धूप और चाँदनी
पनघट पर मुँह धोती एक स्त्री की छाया को
वह पानी की काँपती लहरों में पकड़ लेता है
रंगों और रेखाओं के कोहरे भरे रास्ते पर
चित्रकार जितना हटाता है कोहरा
रास्ता उतना खुलता जाता है

एक दुनिया विदूषक की है
वह फेंटता है पत्ते और हर बार बादशाह के बगल में मिलती है बेग़म
हथेली पर रखी गेंद हवा में उछालता है
और गेंद कबूतर बनकर उड़ जाती है
जादूगर पेट से निकालता जाता है काँच के गोले
एक शहर की घड़ियों का बदल देता है समय

उसकी इच्छा है वह एक दिन ताजमहल ग़ायब कर दे
एक ताली पर भूकम्प लाये दूसरी पर सूर्यग्रहण लगा दे

दो प्रेमी एक दूसरे को देते हुए चुम्बनों के उपहार
देह और आत्मा के पार निकल जाना चाहते हैं

जैसे एक चित्रकार है एक विदूषक दो प्रेमी
असंख्य लोगों की असंख्य दुनियाओं के असंख्य गन्तव्य हैं
विजय की लालसाएँ पराजय के ख़तरे
इच्छाएँ हैं अजस्त्र और रास्तों का अनन्त जंजाल
अपरम्पार है सबकी दुनिया।

नये जन्म की तरह

उसकी आग कभी ख़त्म नहीं हुई
इस तरह किया सबने प्रेम मुझसे
इस तरह मैंने सबको प्रेम किया

प्रेम के बाद विचारों ने घेरा
फिर लोग दिखे
लोग जो प्रेम करते थे
नफ़रत करते थे
जो भूख से मरते थे
वे हर ओर दिखाई दिये मुझे

तब कहीं उभरकर आया जीवन
मेरे ही गर्भ से
एक नये जन्म की तरह।

कुछ न लिखकर भी

मैंने ख़ुशी के बारे में लिखना चाहा
पर लिखा नहीं कुछ भी
कुछ न लिखकर भी मैं खुश हुआ
मैंने प्रेम पर लिखना चाहा
पर लिखा नहीं कुछ भी
कुछ न लिखकर भी मैंने प्रेम किया।
मैंने मृत्यु पर चाहा लिखना
पर लिखा नहीं कुछ
कुछ न लिखकर भी मौत को महसूस किया मैंने

कुछ न लिखकर भी लोग ख़ुश हुए
कुछ न लिखकर भी उन्होंने प्रेम किया
कुछ न लिखकर भी लोगों ने गुज़ारा जीवन।

आठ बरस का लड़का

वह एक अस्थायी बूचड़खाना था
एक तिपहिया के तीन गुणा तीन फुट के क्षेत्रफल में समाया हुआ
मुहैया करवाता था एक पॉश कॉलोनी को मुर्ग़े का गोश्त
बालश्रम से सम्बन्धित संविधान की चौबीसवीं धारा को धता बताते हुए
उस बूचड़खाने में काम करते थे आठ और ग्यारह बरस के दो लड़के
छोटा लड़का मुर्ग़े को हलाल कर उसे छीलता साफ़ करता
बड़ा लड़का उसके टुकड़े कर सौंप देता दुकान मालिक को
जो वहीं खड़ा ग्राहकों से पैसों का हिसाब-किताब करता

छोटा लड़का शायद सीख रहा था काम
मुर्ग़े की गर्दन पर चाकू फेरते हुए उसके हाथ काँपते थे
कई बार मुर्ग़ा फड़फड़ाता गिर पड़ता नीचे
बमुश्किल वह उसे एक डिब्बे के सुपुर्द कर चैन की साँस लेता
उसके नन्हे हाथों को मुर्ग़े के पंख नोचने में करनी पड़ती बहुत मशक़्क़त
उधर बड़े लड़के को देख लगता था
जैसे करता आ रहा हो कई जन्मों से वह यही काम
उसके सुघड़ चेहरे पर परिपक्व खुरदुरेपन के साथ
बैठ चुकी थी एक उन्नत व्यावसायिक समझ की गहरी लकीरें

दहशत या करुणा के जिस भाव की करते हैं हम सहज अपेक्षा
मुर्ग़े काटते आठ बरस के लड़के के चेहरे पर
दिखायी नहीं देता था कुछ भी वैसा
दिन-पर-दिन कठोर होती

वहाँ दिखती थी एक अबोध क्रूरता
छोटे-से जीवन के सघन अनुभवों ने
उसके चेहरे को सख़्त बना दिया था
पर फिर भी उसकी आँखों की कोरों
और छोटे-छोटे गालों और आवाज़ के कच्चेपन से
दिखता था एक बचपन प्रस्फुटित होता

मुर्ग़े काटने वाले लड़के का पिता यदि होता जीवित
शायद वह इस कच्ची उम्र में अपनी औलाद को
ख़ून और हिंसा के ऐसे दृश्य से दूर रखता
दुकान का मालिक लड़के का चाचा मामा
या रहा होगा दूर का रिश्तेदार कोई
उसकी परवरिश की ज़िम्मेदारी के ऐवज़ में
उससे मुर्ग़े कटवाने का काम लेता

कॉलोनी में रहते थे सफल माने जाने वाले लोग कई
संगीत के मर्मज्ञ पंडित कवि कलाकार ख्याति प्राप्त समाज सेवक
सरकारी नौकरी और कार्पोरेट संसार के उच्चाधिकारी गण अनेक
शाम होते ही लग जाती थी टम्पू के आगे भीड़
गोश्त खाने और पकाने में विशेष रुचि रखने वाली
ऊँचे घरानों की कई स्त्रियाँ
कुछ परिवारों के नौकर दिहाड़ी पर गुज़ारा करने वाले मज़दूर
भीड़ में शामिल रहते थे इक्के-दुक्के ठेले और रिक्शेवाले भी

लड़का रात नौ बजे तक मुर्ग़े काटता
वह बच्चा था इसीलिए सीख सकता था हर काम झटपट
जल्दी ही वह मुर्ग़े काटने में भी हुआ माहिर
निपटाने लगा फटाफट ग्राहकों को उनका बहुमूल्य समय बचाता
दुकान का मुनाफ़ा भी उसी गति से बढ़ता गया

एक दिन अचानक हुआ बन्द लड़के का दुकान पर आना

सम्भव है उसकी विधवा माँ को मिल गया हो काम कोई
उसने बच्चे का किसी स्कूल में करा दिया हो दाख़िला
या बच्चे ने ही मुर्ग़े काटते हुए
हाथों के दुखने की माँ को शिक़ायत की हो
इस काम में नहीं बचा हो ज़रा भी रोमांच कोई चुनौती
खिन्न होकर वह ज़िद पर उतर आया हो
कर लेगा कुछ भी पर मुर्गे वह नहीं काटेगा

दुकानदार अब ख़ुद ही मुर्ग़े लगा काटने
पर उसके हाथों में न लड़के जैसी चपलता न वैसा हुनर
दुकान पर भीड़ ख़त्म ही नहीं होती थी
मुर्ग़े काटते-काटते दुकानदार का फूलने लगता था दम
बारी आने तक झुँझला चुका होता हर ग्राहक
खीझ भरे सब पूछते उस छोटे लड़के की बाबत

कुछ दिनों में वह लड़का दुकान पर फिर लगा आने
उसकी माँ ने उसे लाड-प्यार से मनाया
या दुकानदार उसे धमका कर लाया
कह नहीं सकते कुछ भी वह बच्चा था
हो सकता है दिया गया हो उसे कोई प्रलोभन
बहरहाल, दुकानदार ख़ुश था ख़ुश थे कॉलोनी के लोग सभी
मुर्ग़े काटते लड़के के बचपन को कुछ और ढाँपतीं
उसके चेहरे पर इस बीच
उग आयी थीं सख़्त कुछ नयी लकीरें।

परित्यक्त बावड़ी

(मुक्तिबोध की कविता 'ब्रह्मराक्षस' से प्रेरित)

कविता ही थी उनका आश्रय
सड़कों पर सूनापन और दिलों में छोड़ दरारें
भौतिक और वैचारिक दुर्घटनाओं की एफआईआर
भीतरी-बाहरी जगत का विध्वंस सूक्ष्मतम
इच्छाओं की भाप से चलते सतत् जीवन में
सोच की अनन्त अँधेरी ग़ुहाओं में प्रदीप्त
वे कल्पनाओं के महीन तार
एक फूल यूटोपिया का भविष्य में खिलने के लिए
चमगादड़ों की तरह मस्तिष्क की कन्दराओं में लटकीं
खुशियों की उड़ती छायाओं का सर्कसी शो
सारी विरूपताएँ दर्ज़ होती थीं उसी में
दुनिया के चेहरे पर उभरती क्रूरता की पंक्तियाँ
भावनात्मक अवसाद की सार्वजनिक पीड़ा सारी
नये दिन का सवेरा पोंछ जाता था

ऐसे ही इतिहास के गर्त में डूबता जाता था समय
ऐसे ही पोषित होता था कविता का जीवन

कविता थी अन्धकूप एक परित्यक्त बावड़ी
आधुनिक नागरी सभ्यता के लिए फ़ालतू होती
अस्तित्व के आख़िरी पड़ाव पर बची हुई

गूँजती रहती थी जिसमें पूर्वज कवियों की मायावी हँसी
बैठा था उसमें घुटनों में सिर छिपाये ब्रह्मराक्षस एक
बावड़ी में थे साहित्य के और भी फ़रमाबरदार
पाठक कथाकार और नाटककार
कवियों की प्रेतात्माएँ अनेक दीवारों से टकराती उड़तीं
भूखे भक्षियों की तरह टूटती हुईं
हृदय और आत्मा के कोष्ठ में विकसित
प्रेम और करुणा की स्वादिष्ट गाँठे लिये
अनुभूतियों की कोमल देहों पर
जिन्हें फेंकते रहते थे समकालीन कवि

इस तरह हम होते थे निर्भार मनुष्यता के बोझ से
जो हमारे मस्तिष्क में बार-बार फन उठाती थी
अख़बारों में रोज़ पढ़ ख़बरें नये हादसों की
अन्याय के बीच सुन डूबती आवाज़ कोई
उदारता के क्षणों में कभी-कभार
न्यूनतम ज़रूरी वस्तुओं से वंचितों का हाल देख
सांसारिक सन्तापों के लिए स्वयं को मान उत्तरदायी
या बात इतनी-सी समझकर
कि अपनी भाषा संस्कारों और जीवन शैली के साथ
सर्वोत्तम के बचे रहने से कहीं अधिक
हम प्रायिकता के पक्षपाती परिणामों के कारण हैं बचे हुए

इस अन्धकूप में भरी थीं तकलीफ़ें
शिक़ायतों के ढेर तनावों के जाले लहराते हवा में
बुझे हुए मानसिक विस्फोटों की गन्धकी गन्ध
गन्दे सड़े पानी में तैरती थीं इच्छाओं की केचुलें
अप्राप्य प्रेम की रक्तरंजित भ्रूण-कोपलें
फूली देह लिए एक से बढ़कर एक महान विचार
क्रान्तिकारी जनगीतों की बिखरी हुई राख
नये कवियों के भरे-पूरे ताज़ा दुख

कच्ची-मीठी अनुभूतियाँ नयी कवयित्रियों की
और तैश में आकर लिखे गये
बूढ़े कवियों के कुछ अन्तिम बेमिसाल शब्द

प्राचीन और अद्यतन के बीच लटके हुए
अतीत का बचा-खुचा खँगालने की ख़ातिर
नये पैंतरों भाषा संकेतों और संस्कारों से लैस
कौतुक से भरे कुछ लोग झाँक लेते हैं बावड़ी में
उनके पुरखों की वहाँ से गन्ध उठती है
कोई आकर्षण ऐसा कि नाक सिकोड़े भी
देर तक डटे रहते हैं बावड़ी के मुख पर
गन्दे पानी में दिखती उन्हें अपनी पूजनीय जड़ें
बूढ़े नाग-नागिन पीपल के पत्ते गले-सड़े
गहरे बहुत गहरे से बुलबुलों में फूटती मन्त्रोच्चार की अनुगूँजें
अनगिन अवसरों पर सम्पन्न स्तुति-वन्दना में
छोड़े गये फूल-अक्षत बाती-दीए औंधे दीवारों से मुँह लगे
परम्पराओं की दिखती हैं झिलमिल तस्वीरें
पांडित्य और राजत्व की गौरवगाथाएँ
गोत्र और जातियों की भूलभुलैया

अपनी महानताओं का इस तरह स्मरण कर
वे लौटते हैं अन्ततः छोड़ बावड़ी
जब पानी में समाधिस्थ वह ब्रह्मराक्षस
सुनकर प्रपंच में डूबी अपवित्र आवाजों का शोर इतना
घिन से भरा होता हुआ आगबबूला
बरसाता है उनपर संस्कृति की सर्वोतम गालियाँ
और बावड़ी परित्यक्त कर दी जाती है
उसके मुख पर खिले कनेर के सफ़ेद फूल
ऊपर उड़ता रात का चाँद उजला
आसपास पेड़ों से उठती हवा की सीटियाँ
गोलाकार कटे आकाश के घेरे में दिखती पंछियों की संक्षिप्त उड़ान

कुहराम मचाते हैं प्रकृति के बिम्ब सारे
बावड़ी के भीतर उतरतीं हैं छायाएँ उनकी

पूस की घनी रात यह जबकि दुनिया गहरी नींद सोयी है
प्रेतात्माओं ने बुलायी है बैठक
प्रेम के हाशिये पर निर्वासित वह छली गयी
एक छायावादी कवयित्री सुनाती है बादलों का विकल राग
जिनसे खींच रक्त लिखीं आदमी के संघर्ष की कथाएँ अनेक
हाड़-मज्जा से निर्मित किये पात्र कितने
अर्द्धविक्षिप्त एक कहानीकार अपने गले हुए फेफड़े से निकलती
धीमी आवाज़ में बताता है जीवन का सार
खंजर-कटारों से किया गया लहूलुहान सरेआम
नाटककार गाता है अनपढ़ों का एक अमर गान
रहस्यमयी पराभौतिक और आध्यात्मिक पीड़ाओं में डूबा
काव्य-सप्तक की धुन पर बूढ़ा कवि छेड़ता है असाध्य वीणा के तार
पूँजीवाद पर बलगम थूकता बाबा कहता है- रोटी दो!
मरे हुए हमें इतने साल गुज़रे
पर झारखंड का अंचल सूखा पड़ा आज भी
रोटी दो! इस देश की जनता को प्रधानमन्त्रीजी!
रोटी के बग़ैर कुछ सोचना कैसा
कुन्द सारे बोध इन्द्रियाँ निस्तेज लघु जीवन यह पशु सरीखा!

प्रेतात्माएँ कर रहीं विचार विमर्श
अतीत की स्मृतियों में डूबी हुईं
कोई भरी हुई जीवन के अप्रतिम सौन्दर्यबोध से
प्रेम की पीड़ा और अपराधबोध से
कुछ जीवन के अनुभवों से अघायी
जीवन की अनुभूतियों का कर स्मरण
बारी-बारी उड़कर बावड़ी के आकाश में ऊँचाई से
बात अपनी कहकर बन जातीं श्रोता ध्यानमग्न

एक युवा कवि की आत्मा झूलती हुई हवा में
बात अपनी कह रही है
अब तो पुरस्कार का सवाल नहीं
बची नहीं झिझक सामाजिक शिष्टाचार का बन्धन कोई
श्रोताओं और आलोचकों का भय ज़रा भी
अब नहीं करना था आडम्बर ज्ञान का
कहनी थी सिर्फ़ समझ आयी जो अपनी बात ख़ालिस
एक बात दिल से निकली सीधी-सच्ची तीर-सी छोड़ी गयी
बिना किसी सम्बोधन के कहने लगा वह
तल्ख़ उसकी आवाज़ थी—
जब तक जीवित था न जानता था
क्यों पड़ा मैं कविताओं के फेर में
जबकि दुनिया भागती थी भौतिक सम्पन्नता की ओर
बाकी जूझती थी किसी तरह चालू रखने साँसों की यह धौंकनी
भविष्य के लिए खटती हुई रात-दिन
और मेरे लिए तो वह क़ीमती और भी अधिक
क्योंकि उसी से सम्भव था पुश्तों द्वारा झेली गयी
अभावों की श्रृंखला की तोड़ना यह कड़ी
बचा सकती थी वही मानसिक और शारीरिक उस श्रम से
जिसकी कहानी मेरे पिता के चेहरे पर ताउम्र छपी रही
इसी ग़रीबी ने रोपे थे प्रेम के बीज हृदय में
पिता द्वारा की गयी वह हस्तान्तरित मुझे
या कहो कि उनके और उनसे भी पहले कहीं
दादा-परदादाओं की जाति और ईमान से बटोरी गयी
हाँ वह ग़रीबी ही थी जिससे आबद्ध पाये थे मैंने संस्कार कई
एक जीवन-पद्धति तयशुदा
नैतिकता और आचरण की मर्यादाओं से लदी-फदी
एक ऊबड़-खाबड़ तंग राह वह
जिसके बन्द द्वार दुनिया के किसी भी लोकतन्त्र में
अनैतिकताओं और अपराधों के दलदली जीवन से
या खुल पाते हैं मृत्यु की शरण जाकर ही

ऐसे ही संस्कार रहे होंगे कुछ
कि बातें मुँह की ओर नहीं भीतरी लोक में खुलती थीं
सारे तनाव भीतर ही लौटते थे
निरन्तर अपनी नुकीली धार से छीलते हुए
प्रेम का अन्दाज़ ऐसा कि प्रेयसी को छूना दूर
सामने आते ही तमतमाते गालों पर जैसे चीटियाँ रेंगती हों
पपड़ायी धरती से सूखे रक्तहीन होंठों ने याद नहीं
लिया हो कभी मेरी ही जैसी हालत से गुजरती
उस लाजवन्ती कृशकाय गौरवर्णी रक्ताभ मुख वाली
अनिवार्यत: मेरा हमवर्ग होना था जिसे
मासूमियत की मालकिन का एक भी चुम्बन कभी
सिर्फ़ कल्पना की पेंग पर यौवनमत्त हृदयाभिलाषाओं के तहत
उँगलियों के पोर भर छुआने की
खुले उसके सुर्ख गालों पर अनायास कभी
डूबा दत्तचित्त अपने भीतर गुस्ताख़ियों का तनाव भरता रहा
कविताओं की आयतें गीली करता रहा

अब देखता हूँ जगत में प्रेम से पहले कहीं
चुम्बनों का दौर चलता रतिक्रीड़ाओं में उलझता युवा
और ऐसी बात पर उठता आक्रोश पुरानी पीढ़ियों का
मैं कहता हूँ छोड़िए पुरानी नयी पीढ़ी की बात
यह महानता की बात तो हरगिज़ नहीं
और चूँकि सुख को तराजू में तौलना मुमकिन नहीं है
हो सकता है बल्कि अब जानता हूँ हुआ भी था यही
अप्राप्त एक सुख का स्वाद मेरा ही गहरा था

मैं भी एक आत्मकेन्द्रित जीवन के भँवर में डूबा रहता
इतनी दुश्वारियाँ थीं सामने और ऊर्ध्व सारे रास्ते
पर अनपढ़ पिता की ज़िद थी कि खूब पढ़ूँ मैं
इतना कि गयी सात पुश्तों का अज्ञान चुकता हो जाए
पढ़ता गया मैं बड़े-बड़े ग्रन्थ इतिहास और विज्ञान के संग्रह कई

क्रान्तिकारी दर्शन ने खाली अन्तस में अंगारे भरे
एक दिन निकल पड़ा घर से अज्ञात का हो गया
अनजान रास्तों और लोगों की भीड़ में खो गया
निकल पड़ा घर से खोजने अपनी ही दुनिया एक
पार करने के लिए उफनता दावानल मेरी सोच में जो
भविष्य का संदिग्ध वर्तमान डुबोये बहता था
लाँघने गिरिवन मरुस्थल गुमनामी अपनी
हाँ चल पड़ा मैं प्रस्तर हृदय निज अभिलाषाओं का छोर पाने
घर पर छोड़ विधवा माँ और कुम्हलाती छोटी बहन को
गाँठ में बाँधे हुए दो-चार विचार ज्ञान की फ़हमियाँ कुछ जिनके बिना
मुश्किल होता है ऐसा जोख़िम उठाना
यह इल्म साथ था कि महानताओं की यात्राएँ
कठिन ऐसे ही सनक भरे फ़ैसलों से शुरू होती है

जिज्ञासाओं से भरपूर पहुँचा मैं एक बड़े शहर
किसी तरह करता गुजर-बसर
एक दिन देखा किसी चौराहे पर एक नौजवान
खिंचे चेहरे और भिंची मुट्ठियों में बातें करता
उसके सम्मुख उमड़ पड़ा था लोगों का हुजूम एक
वह खोलता जा रहा था मस्तिष्क के भेद गहरे
बातों की धार से मानसिक ग़ुलामी की जंज़ीरें काटता
उसके चेहरे पर धधक रहा था तेज ऐसा
कि जैसे फूट पड़े हों भीतर विचारों के ज्वालामुखी अनेक
ज्ञान का लावा उसकी आँखों में उमड़ रहा था
मन्त्रमुग्ध मैं उसकी बातें सुनता उसी के पीछे हो लिया
तंग गलियों बस्तियों से होता हुआ
वह ले गया मुझे शहर के सीमान्त पर
जहाँ जटाधारी किसी योगी की खोपड़ी-सा खड़ा था पहाड़ एक
जिसकी तलहटी में निर्वासित पड़े एक खँडहर के भीतर कहीं
अन्धकार में उतरती सीढ़ियों के लिये खुलता था एक गुप्त द्वार
वह निर्भय उतरता गया नीचे भभकते उस सन्नाटे में

अनायास ही मुझे लगा कि पहाड़ पर उभर आये
कहीं भीतर चलते आत्मचिन्तन के वे धारीदार प्राचीन स्मृति-चिह्न
मार्क्स के बिखरे हुए केश जैसे थे
खँडहरों का वह समुच्चय मार्क्स के ही टूटे-फूटे दाँत
और हम नीचे उसी के उदर में उतर रहे हों जैसे
वहाँ एक तहखाना था जिसके भीतर देखता हूँ
खुरदुरी दीवारों पर लटके कविता के पोस्टर कई
सुन्दर फ्रेमों में जड़ी हुई सुनहरी धान की बालियों पर चलती कटार
और रक्ताभ पृष्ठभूमि पर उकेरे गये हल और कुदाल के चित्र कई
नीचे फर्श पर बिखरे काग़ज़ों के ढेर क़िताबों के अम्बार लगे
मेरे ही जैसे युवा कई झुके हुए उन काग़ज़ों पर
लिखते थे न जाने वे कैसे शपथ-पत्र
उनके चेहरे महान प्रतिज्ञाओं की भीतरी तपिश लिए
जैसे समझ में आता हो सबको
भगत सिंह फाँसी के तख़्ते की ओर बढ़ता मुस्कुराया क्यों था
ऐसे ही तहख़ानों से कई आन्दोलन संचालित करते
तानाशाहों के ख़िलाफ़ पढ़ा था मैंने दुनिया के कई नेताओं के बारे में
अतीत की वह सुखद कल्पना फलीभूत हो रही थी मेरे सामने ही
उस गम्भीर मुखाकृति ने सबसे मेरा परिचय करवाया
बोला— ये भी आये थे शहर में एक दिन तुम्हारी तरह
मुनाफ़े के बाज़ार में अपना हिस्सा कमाने
गिरवी रखने ग़ैरत और गिरेबाँ अपना
पर इससे पहले कि इनकी प्राथमिकताओं में शुमार होता
त्याग और प्रेम की जगह लाभ हानि लोभ का शहरी फ़ितूर
मैं ही इन्हें यहाँ खींच लाया
घबराओ मत यह कोई आतंकवादी संगठन नहीं है
आपातकालीन दौर की है आपातकालीन व्यवस्था यह
लौट जाएँगें सब कुछ दिनों में अपने घरों को
किन्तु छोड़कर रूमानी ज़िन्दगी के सारे भ्रम
मनुष्य के प्राकृतिक अधिकारों से हीन
जो लिये जाते थे इन्हें इस्तेमाल होने की राह में

सुरक्षित एक पगार के बदले सौंपने भविष्य अपना
कि इन्हें पढ़ाई गयी थीं अब तक ऐसी ही पाठ्य-पुस्तकें
ऐसा ही ज्ञान ठूँसा गया था भीतर इनके
शिक्षा जो किसान का धर्म मानती थी हल चलाना
मज़दूर का धर्म काम करना और करते जाना (मा फलेषु कदाचन)
सैनिकों का सीमाओं की रक्षा में करना प्राण न्योछावर
बदले में दिये गये थे सभी को मौलिक अधिकार कई
समता और धर्मनिरपेक्षता का यह लोकतान्त्रिक स्वरूप सुनहरा
जिसकी आभा काग़ज़ों में ही क़ैद है आजतक
पर अब ये समझते हैं सब जो लोकतन्त्र में बताया नहीं जाता
लिखा नहीं जाता जिसे दर्ज़ नहीं किया जाता
वह जो खुद ही उतर आता है आँख की पुतलियों में
चेहरों की पंक्तियों में पकड़ ली जाती है
उस हवस और अहंकार की
उपहास और क्रूरता की जो सूक्ष्मतम झलक
और उफनते तेवरों से भरे विद्रोही एक आन्दोलन को
शालीनता भरी बारीक सी मुस्कुराहटें कैसे दबा देती हैं
अर्थ जो हाशियों पर सिकुड़ जाता है
जैसे झुग्गियाँ सिकुड़ती हैं राजधानियों की सीमाओं पर

रहस्यमय वह नौजवान बताता जा रहा था
मुझे लगा कि वही मेरा नायक हो सकता है
जो दिखा सकता है मुझे भी लक्ष्यपूर्ण जीवन की राह कोई
ध्यानमग्न मैं बातें उसकी सुन रहा था
कि इतने में भगदड़ शोर ठाँय ठाँय
आ गया था कहीं से सत्तारूढ़ सरकार भक्त पुलिस दल
कहीं से आ लगी गोली मेरे सीने पर
गिर पड़ा मैं वहीं और अगले ही पल
लघु जीवनवृत्त मेरी आँखों में घूम गया
क्षणांश भर में गुजरे दृश्य कई उड़ीं चेहरों की तस्वीरें
दिखी माँ बैठी ड्योढ़ियों पर बहन के बाल काढ़ती

वह प्रेयसी छत की मुँडेर से अपलक देखती ढलता सूर्य
उसकी आँखों में गझिन इतनी उदासी पहले तो कभी नहीं देखी थी
घर के आँगन में मेरे ही साथ पला और बड़ा हुआ
अमरूद का वह पेड़ जिसकी हरी टहनियाँ मुझे पुकारती थीं
कक्षा दस के गणित के वे मास्टरजी
छात्रों के मस्तिष्कों में पाइथागोरस का प्रमेय ठूँसते हुए
और भी कई दृश्य जिनसे निर्मित यह मेरा जीवन
विद्युत गति से बनते और मिटते दृश्यों के इस अन्तराल में
उन अन्तिम क्षणों में जाना मैंने कि यही था वह सब
लोगों और प्रकृति का धड़कता हुआ कोलाज एक
हर क़दम पर बग़लगीर होता हुआ मुझसे
कविता की शक्ल में ही बयाँ हो सकता था जो

कल्पनाएँ इसी बीच मुकम्मल जीवन जी गयीं
कि जैसे पूरी की जा रही हो अन्तिम इच्छा मेरी
मैंने देखा मैं ही बना बैठा हूँ वह नायक
जो थोड़ी देर पहले चौराहे पर भाषण देता था
जिसके गालों पर निकली हुई थीं तिकोनी हड्डियाँ
मगर लोग सुनते थे उसे मन्त्रमुग्ध जैसे मैंने सुना था
शब्दों से प्रेम की यही थी पराकाष्ठा
जुलूस एक अपार मेरे शब्दों से सम्मोहित होता
मैं एक कवि नहीं बल्कि एक जीवित ख़तरा
उनके लिए जो सिंह की खाल में थे चतुर भेड़िये
चौंधियाती रोशनी में खींचकर लाते थे जो अपने शिकार
उनकी चालों को मैं भाँप सकता था
आगाह कर सकता था सबको
जगत के इस चरागाह में विचरते निस्पृह चीतल
जिनके रक्त से सींचते थे वे अस्तित्व अपना
इसी रक्त के अँधेरे में डूबकर भीतर
खोज सकता था मैं बिन्दुवत वे तन्तु जो बजने लगते हैं
रोशनी का ज़रा-सा सुराग पाकर

परन्तु कल्पना में भी अन्ततः मारा गया मैं
वहाँ भी आ पहुँची सरकार-भक्त पुलिस चलीं गोलियाँ
समाजवाद कोई स्वप्न नहीं बरख़ुरदार
वह शहीद होने का ही दूसरा नाम है
सिद्धान्तों आदर्शों या किसी बचकानी ज़िद के नाम पर
मेरे नायक का इस तरह मारा जाना
यही उस सरीखे जीवन की थी अन्तिम परिणति
उसके मूल्यों का यही था उचित और अन्तिम सम्मान
मारा गया वह बन्द एक तहख़ाने में
चारों ओर कविता का दृश्य फैला था
मेरे ही जैसे युवा अनेक खुली आँखों से देखते निर्विकार
उनके हाथों में मानवाधिकारों के बैनर फड़फड़ाते थे
सीने पर लगी गोली काम अपना कर गयी थी
छटपटाकर कुछ देर में हो गया था मैं निश्चल
इस तरह मारे गये दोनों एक साथ ही
मेरी कल्पना का नायक और मैं
कोई नहीं जान पाया कि पपड़ाए हुए अनछुए रह गये मेरे होंठों पर
धमनियों में उपस्थित जीवन की आदत की तरह
उसी का क्रान्तिकारी गीत एक लुढ़का पड़ा था

बावड़ी के भीतर रह-रहकर गूँजता है शोर
सबको कहनी है बात अपनी
बात जिसे वे जीते जी कह न पाये
कैसी-कैसी कल्पनाएँ कथ्य शिल्प पात्र बिरले
ध्वस्त यूटोपिया की बिखरी पंखुरियाँ समेटती बात एक
गले की फूली नसों में भरी हुई कंठस्थ समूची
मरने के बाद समझ आया जो विफलता का राज़ गहरा
अटपटे बहुत मगर उतने ही अर्थ भरे
कीड़ों के जीवन के जैसे रहस्य अनूठे
ज़िन्दा रहने की उनमें गज़ब की कूवत
दाँत पैने ज़हर बुझे डंक दुश्मन की थाह लेती तीख़ी आँखें

सबके पास सुरक्षा के भरपूर इन्तज़ाम
मगर अन्ततः अपने से बड़े का वे स्वयं भी बनते शिकार
वह उनसे भी ताक़तवर फुर्तीला और अधिक ज़हरीला
सब कुछ ईश्वर का ही यह बनाया हुआ
अजगर लीलता हुआ चिड़ियों के बच्चे
झपट कर खा जाता बगुला ख़तरे से अनजान मछली को
मगर मछलियाँ अधिसंख्य इतनी कि कोई फ़र्क़ नहीं पड़ता
फ़र्क़ नहीं पड़ता जैसे हाशियों पर मर रहे हैं ग़रीब कितने
वे मरते हैं और पैदा होते जाते हैं
गज़ब का इस दुनिया में यह सन्तुलन
प्रकृति को मंजूर जो वही सत्य है
हाँ यह एक बात समझ आयी जो जीवन के अन्तिम क्षणों में
कि किसी बात का कोई मतलब नहीं है
बस वही एक क्षण जब किसी बात पर हँसी आती है
वह बोध की गहराई से उठती ख़ुशी की लहर
बस वही एक सच झूठी हमारे चेहरों पर लम्बोदर उदासी
सिर पकड़ कर बैठना वह हाय-तौबा पछतावा
वह सम्भावना कि कुछ भी हो सकता है
जो एक सोचते हुए आदमी का दिमाग़ खटखटाती है
वह बात जो अपने दम पर चलाती आयी है दुनिया को
विजयों को गुप्त पराजयों में तोड़ती
पराजितों में फिर नया उत्साह छोड़ती
उस बात की ओर कूद लगाती छोटी-छोटी बातें कई
हर पल घटित होती हुईं
एक-एक बात के लघु अंश समझ आये जो
उनकी छवियाँ कितनी उतारी काग़ज़ों पर
और कितनी जो दबी रह गयीं
आज कह डालें सब कुछ और खाली करें अन्तस् अपना
किसी तरह पूर्ण हो अधूरापन यह

बावड़ी के भीतर सजायाफ़्ता थीं प्रेतयोनियाँ

शोरगुल के बीच चल रहा बहस का दौर
जबकि बाहर हाइवे पर एक रॉबरी अंजाम दी जा रही थी
एक वेश्यालय के स्याह कमरे में
चौदह बरस की लड़की सिसकियों में काटती थी यह क्रूर रात
खुले एक जगमगाते अहाते में चल रहा था उपलब्धियों का प्राइवेट जश्न
शामिल जिसमें फ़िल्मी सितारे उद्योगपति और बड़े-बड़े राजनेता
उनके ठहाकों पर पूरा देश हिलता था
जबकि सूखे पत्तों की तरह काँपते सुदूर अंचलों में पेट में मरोड़े लिये
माता-पिताओं की जर्जर छातियों से चिपके भूखे बच्चे
चुपचाप छोड़ते जाते थे यह दुनिया
आज़ाद औरत अब जाकर पोंछ रही थी चेहरे का मेकअप
आत्मा के आईने पर उसके मगर छूट गये थे कुछ भद्दे निशान
कवियों का संसार नेशनल नक़्शे पर बिछा हुआ
उनके दिमाग़ में धड़ धड़ धड़ धड़ चल रहा था छापाख़ाना
जितने दृश्य वे पकड़ते थे उससे कहीं अधिक छूटते जाते थे

बावड़ी के मुहाने पर कुछ दुस्साहसी कवि
अपनी सांसारिक दिनचर्या से निकल धीरे-धीरे डूबते कविता के अवसाद में
गहराती रात के साथ एक-एक कर जमा होते
एक पाँव रखते भीतर एक बाहर
एक क्षण सोचते कि बहुत हुआ यह समझौतों का जीवन
अब थोड़ा जोख़िम उठाकर कूद ही जाएँ
नीचे हमपेशों के बीच रहने का परम सुख खींचता था
फिर अचानक बदलते विचार लटकते हवा में
कि तभी एक टपकता नीचे
और बावड़ी में गूँजता सन्नाटा
ऊपर बचे कवियों में मचती भगदड़
लौट जाते वे अपने सुरक्षित घरों में
इक्का-दुक्का जो बचते वे भीतर के शोर और की उथल-पुथल से
घबराकर अन्ततः लौट आते
इस तरह सुबह तक हो जाता सबकुछ शान्त एकदम

रात भर की जिरह के बाद प्रेतात्माएँ भी सो जातीं
यही क्रम रोज़ जाता दुहराया

परन्तु वह एक ब्रह्मराक्षस अतिरेक बेचैनी में डूबा
घुटी आवाज़ में चीखता हुआ दीवारों से टकराता है
वह जानता है उसके लिए न थी मुक्ति की राह कोई
मनुष्य योनि के पार किसी का वजूद नहीं था
वह स्वयं भी तो एक कवि की कल्पना ही था
वह जान गया था कि सच है तो यही दुनिया है
आदमी के चेहरे पर चस्पाँ प्रकट और सतत दिखती हुई
कोई नहीं जानता उसके दिमाग़ में क्या चलता है
ब्रह्मराक्षस नित्य सूर्योदय देखने चढ़ आता है सूनी बावड़ी के मुख पर
देखता है वह सब कुछ वैसा ही जैसा छोड़कर आया था
काल्पनिक अक्षांश देशान्तर लिये पृथ्वी अपनी धुरी पर घूमती जाती थी
वही मकान और उनके भीतर गृहस्थी का कारोबार वही
राजनीति का शोर और द्विगुणित होता अर्थ का प्रसार
इच्छाओं का मायाजाल प्रेम की आदिम पुकार
बावड़ी की मुँडेर पर खिले हुए थे कनेर के सफेद फूल
लटकती लताओं पर हरे पत्ते हवा में हिलते हुए
आसमान में दूर-दूर तक छितरे बादलों के गुच्छे
नया बस इतना कि आसपास बढ़ गये सूने बंजर में
बावड़ी के अस्तित्व से ग़ाफ़िल पूरी तरह
उससे एकदम सटे हुए रास्ते पर भावी पीढ़ियों का जीवन सँवारने
माताओं-पिताओं की उम्मीद और अपने भविष्य की राह पर
सरकारी स्कूल की ओर आसपास के गाँवों से
शरारतें और चुहलबाज़ी करते
सरपट चलती जाती थी बच्चों की एक लम्बी कतार।

□□□